Inhaltsverzeichnis

- 4   Einleitung
- 6   Geschichte
- 46 Rezepte
- 89 Impressum

Das Braunschweiger Mumme-Buch

Geschichte und Rezepte

„Welfen, Hanse, helle Köpfe" verspricht die Löwenstadt in ihren Broschüren. Die Braunschweiger Mumme jedoch fehlt. Hat man den Zaubertrank, der der Hansestadt zu großem Erfolg verhalf und schon vor Jahrhunderten in alle Welt verschifft wurde, einfach vergessen? Beinahe wäre es soweit gekommen… doch zum Glück war da eine Braunschweiger Familie, welche mit der Mummebrauerei H. Nettelbeck KG die letzte ihrer Art zielstrebig fortführte. Auch das Stadtmarketing Braunschweig spielte eine entscheidende Rolle: Beim Landeswettbewerb „Ab in die Mitte" präsentierte man erfolgreich die Mumme-Meile, die somit 2006 aus der Taufe gehoben werden konnte.

Die richt'ge Mischung aus Traditionsbrauerei und Stadtmarketing sorgt seither für neue Mumme-Begeisterung bei Braunschweigern und Gästen. Die richt'ge Mischung wars auch, die mit Welfen, Hanse, hellen Köpfen den Weg der Braunschweiger Mumme ebneten. Die Welfen formten aus Pentapolis, den 5 Städten, eine. Heinrich der Löwe und sein Sohn, einziger Welfenkaiser Otto IV., umgaben die Siedlungen mit einer Stadtmauer und 12 Stadttoren, befestigten sie und statteten sie mit wichtigen Handelsrechten aus. In dieser sicheren Wiege konnten sich die hellen Köpfe ganz dem Brauen widmen und entwickelten Rezeptur und Verfahren, die die lange Haltbarkeit der Mumme erreichten. Gepaart mit dem großen Energie- und Vitamingehalt bewahrte die haltbare Mumme die Seeleute vor Skorbut und war bald aus den Schiffen der Hanseflotte nicht mehr wegzudenken. In der Folge entstanden über hundert Mummebrauereien und sorgten für die Produktion des ersten kulinarischen

Exportschlagers, der fortan per Schiff in alle Welt gelangte. Die Hansestadt erfuhr somit auch durch die Mumme viel Ruhm und große Bedeutung. Doch dieser Erfolg brachte auch Neider auf den Plan, denn neben Zollbeschränkungen litt die Bedeutung der Mummebrauer unter der zunehmenden Zahl von Kopien anderer Brauereien in anderen Städten. Markenschutz und Patente gab es damals ja noch nicht.

Die vielen kleinen Brauereien in der Innenstadt gibt es nun seit Jahrhunderten nicht mehr, nur eine einzige ist geblieben. Aber auch heute kann man sie schmecken, die Mumme. Als alkoholfreier Malzextrakt hat sie überlebt und gilt als echte Braunschweiger Spezialität. Seit wenigen Jahren gibt es auch Mumme-Bolchen, seit kurzem sogar wieder Bier und jüngst auch Senf.

Viele professionelle Köche, Barmixer und sogar Hobbyköche haben feine Mummerezepte entwickelt. Diese sind vom Braunschweiger Stadtmarketing und von der Brauerei H. Nettelbeck KG zusammengetragen und wurden nun in diesem Buch mit der spannenden Geschichte der Mumme für Freunde der Mummekulinarik veröffentlicht. Besonderer Dank gilt der Firma H. Nettelbeck KG fürs Durchhalten, Prof. Dr. h.c. Biegel, den genannten Rezepterfindern und dem Team des Stadtmarketing für die großartige Unterstützung. Wir wünschen gute Unterhaltung und guten Appetit!

Gerold Leppa und Christian Basilius

Geschichte und Geschichten der Braunschweiger Mumme

von Prof. Dr. h.c. Gerd Biegel
Institut für Braunschweigische Regionalgeschichte
an der TU Braunschweig

»Ein starker Sachse wird, wie alle Völker sagen, nie schmal in Schultern sein, noch schlappe Lenden tragen, fragt einer: welches dann die Ursach' sei? Er isset Speck und Wurst und trinket Mumm dabei!«

Als der Erfurter Humanist Euricius Cordus (1486 – 1535) von 1523 bis 1527 als Stadtarzt in Braunschweig tätig war, klagte er in seinen Gedichten nicht nur über die Vorurteile der Braunschweiger gegenüber Ärzten, denn *»die guten sächsischen Mägen hätten ohnehin keinen Arzt nötig«*, weshalb sie lieber *»alte Vetteln und vagabundierende Quacksalber«* bei Krankheiten aufsuchten: *»Wundert es dich, daß der Arzt wird gemieden vom Braunschweiger Volke? / Völlerei liebet man hier, und die verbietet der Arzt.«*

Besonders das maßlose Essen, die Völlerei und das Trinken beklagte er bei den Braunschweigern, um schließlich resigniert festzustellen: *»Ja, was soll der Arzt unter solchen Ochsen machen?«* Im sechsten Buch seiner Epigramme schilderte Cordus diese spießbürgerliche Lebenslust der Braunschweiger in einer treffenden Anekdote:

»Ein Bürger Braunschweigs hörte neulich in der Predigt, der Heiland werde sagen einst am jüngsten Tage: „Mich hungert und ihr habt die Speise mir verweigert; Mich dürstet und ihr habt mich nicht getränkt." Da sprach er: Komm in mein Haus und melde dich mit einem Worte, da will ich dir, bei Gott, in Hüll' und Fülle holen vom zarten Schinken, dazu eine fette Piepwurst, auch noch von einem fetten Dänenochsen Rauch-

fleisch; ich will dir gern einschenken von der besten Mumme, bis daß du angetrunken Übergabe haltest. Sag', kann man besser, ehrenvoller dich bewirten?«

Euricius Cordus war ebenso ein bedeutender Vorkämpfer für das Luthertum und die Reformation in Braunschweig, bei der sich die Braunschweiger aber ebenfalls ablehnend verhielten, und so stellte er gegenüber dem späteren Rektor des Martineums, Johannes Laffard, eine Rezeptur aus, wie man den Braunschweigern Medizin und Luthertum am besten nahe bringen könne: »*Anders nicht, mein Laffard, wird der sächsische Haufe, – törichte Weise sind sie –. annehmen Gottes Wort und meine Medizin:/ In ihre Frühlingsmumme, die so gerne sie trinken, muß der Brauer flugs heimlich sie mischen hinein!*« Die Mumme war also Lieblingsgetränk und »*Wunderwaffe*« zugleich. Bei so viel Bedeutung muss man sich auf den Weg machen, ihre Geschichte näher zu erkunden.

Mumme – Spurensuche

Die Braunschweiger Mumme zählte einst zu den wichtigsten Wirtschafts- und Handelsprodukten der Stadt. Noch heute besitzt sie einen fast legendären Ruf, zumal sie weiterhin produziert wird und vielfältig Anwendung findet, jedoch hauptsächlich als nichtalkoholhaltiges Getränk. Ausschließlich aus Malz und Wasser gebraut, ist sie sirupartig, zähflüssig und sehr süß. Neuerdings gibt es auch wieder eine alkoholhaltige Mummesorte. Die Bezeichnung erinnert noch an die Zeit, als Mumme synonym für Braunschweigs »*dunkles Bier*« stand. Bier spielte seit dem Mittelalter sowohl bei der Ernährung als auch als Wirtschafts- und Handelsgut eine große Rolle. Dabei waren die norddeutschen Brauereien derart führend, dass aus manchen Berichten hervorgeht: »*ganz Norddeutschland muß damals ein riesiges Bierlager gewesen sein*«. Über die Seestädte wurde das Bier von Bremen aus nach Skandinavien, England, Holland und Flandern exportiert, über Hamburg und Lübeck wurden außerdem Schweden, Russland sowie die Ostseeländer beliefert. Bereits 1270 bezeichnete das Hamburger Schiffsrecht das Bier als wichtigsten Handelsartikel. Auch Braunschweig war im Mittelalter und der Frühen Neuzeit eine »*Stadt des Bieres*«. Die Herstellung Braunschweiger Bieres war dabei wirtschaftlich ebenso bedeutsam wie der Bierhandel, so dass das Bier ein wichtiger Faktor der Wirtschaftskraft von Stadt und Land Braunschweig war. In einem Braunschweigischen Bierbuch aus dem Jahr 1723 wird diese Feststellung stolz dargestellt: »*Wenn ein Land zu finden, welches sich rühmen kann, daß es viele schöne, delicate, wohl-schme-*

ckende und gesunde Biere zutrincken giebt, so ist es traun, wir können dieses ohne alle eitle Einbildung und Praeoccupation des Gemühtes sagen, das Herzogthum Braunschweig«. In der Stadt Braunschweig wurde für den lokalen und regionalen Markt überwiegend das helle Bier, der »Broyhan«, gebraut, während das »Rotbier« bzw. die »*Mumme*«, vor allem dem Fernhandel diente.

Die Anfänge der Braunschweiger Mumme

Zu den Anfängen der berühmten Braunschweiger Mumme gibt es viele Berichte, Mutmaßungen und Überlieferungen. So soll sie ihren Namen von einem Brauer namens Christian Mumme haben, der in einem Haus vor dem Petritor gelebt und gewirkt habe und entweder 1492 oder 1498 erstmals die Mumme gebraut habe. Doch all diese Nachrichten gehören in das Reich der Legenden, denn seit 1911 wissen wir Genaueres aus städtischen Unterlagen. Erstmals urkundlich erwähnt wurde die Mumme tatsächlich in einer Rechnung der Stadt Braunschweig im Jahr 1390 aus Anlaß des Auctorfestes. Der Eintrag im Schoßbuch (Steuerverzeichnis) der Neustadt steht in dem Kapitel »*Item vortert (verzehrt) mit dem sarke (des Heiligen)*« und lautet »*8 den(arii) vor mummen*«.

Nach der Errettung der Stadt vor den staufischen Belagerern im Machtkampf zwischen König Otto IV. und Philipp II. 1200 galt St. Auctor als Schutzpatron der Stadt Braunschweig. Ihm zu Ehren wurde jährlich am Auctortag, dem 20. August, ein großes Dankfest veranstaltet. Die Erwähnung über

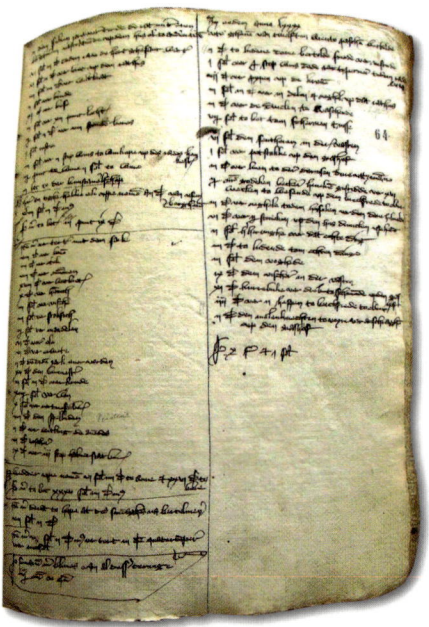

Ersterwähnung Mumme, 1390

den Ausschank der Braunschweiger Mumme beim Auctorfest von 1390 lässt jedoch den Schluss zu, dass es schon damals ein bekanntes und beliebtes Bier war, das man für die Feier ausschenkte, und damit wesentlich älter ist, als im Allgemeinen dargestellt wird. Vor allem ist damit auch der Wettlauf über das Alter der Mumme zwischen der Braunschweiger Mumme und der Wismarer Mumme zugunsten Braunschweigs entschieden. Das älteste Wismarer Mummerezept stammt aus dem Jahr 1452 und war daher zeitlich nur führend, solange man die Anfänge der Braunschweiger Mumme in die Jahre 1492 bzw. 1498 datierte. Wie aber kann man die vermuteten Daten von 1492 bzw. 1498 erklären? Da die Braunschweiger Mumme, wie wir noch sehen werden, eine große Rolle auch für Fernhandel und Schiffsreisen in der Frühen Neuzeit spielte, so hat man offensichtlich hierzu einen Zusammenhang hergestellt. Diese Daten bezeichnen nämlich große historische Momente des 15. Jahrhunderts: die Entdeckung des amerikanischen Kontinents durch Christoph Columbus (1492) sowie des Seeweges nach Indien (1498). Und es konnte für die stolzen Braunschweiger, die im 18. und 19. Jahrhundert fleißig an der Legende und Verherrlichung der Braunschweiger Mumme strickten, keinen Zweifel daran geben, dass bei diesen berühmten See- und Entdeckungsreisen bereits die Mumme mit an Bord war. Also legte man einfach ihre Anfänge, von denen man damals nichts Genaues wusste, in jene Jahre.

Wichtig aber für die frühe Datierung der Braunschweiger Mumme ist auch die Tatsache, dass die urkundliche Erwähnung von 1390 keineswegs alleine steht. Auch für 1395 und 1400 finden sich entsprechende Belege. Im Jahr 1425 schließlich bestätigt eine Rechnung, dass dem damaligen Landgrafen von Hessen bei seinem Aufenthalt in Braunschweig zwei Fässer Mumme überreicht worden sind. Sie war also selbst für regierende Herrschaften ein angemessenes Geschenk. Diese Bedeutung unterstreicht auch ein Gedicht in einem Schuldrama des früheren Rektors des Martineums in Braunschweig, Johann Albert Gebhardi, mit dem er das hohe Lied der Mumme sang, und zwar aus Anlass der Heirat der braunschweigischen Prinzessin Elisabeth Christine mit dem Habsburger König Karl III. von Spanien und späteren Kaisers Karl VI. im Jahr 1707:
»Trutz! daß du deinen See der Mumme wilt vergleichen, Der Mumme, welcher Mann'(a) und Himmels-Nectar weichen, Für welcher Amber-Gries der Indier veracht, Wenn sie auf tausend Meil nach Java wird gebracht. Trinckt ein Javaner Mumm, wie wir in Büchern lesen,

Die Geschichte der H. Nettelbeck KG

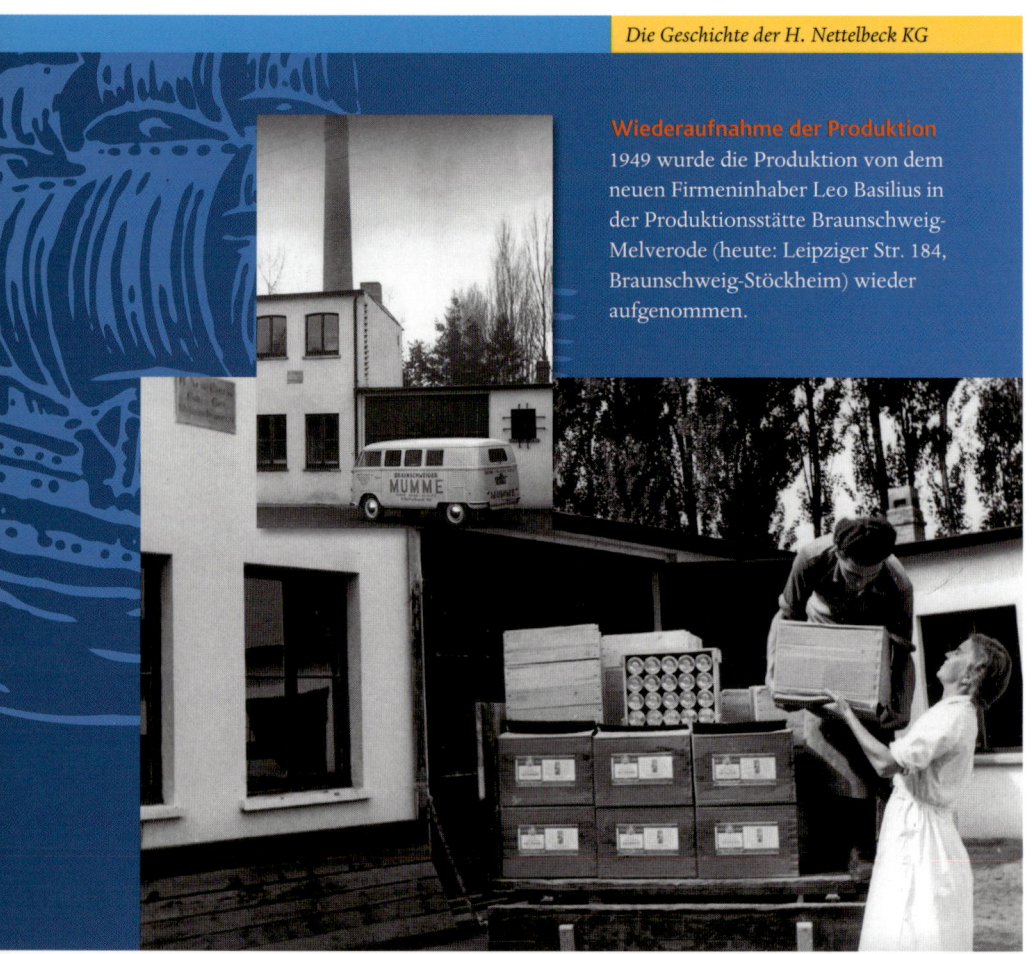

Wiederaufnahme der Produktion

1949 wurde die Produktion von dem neuen Firmeninhaber Leo Basilius in der Produktionsstätte Braunschweig-Melverode (heute: Leipziger Str. 184, Braunschweig-Stöckheim) wieder aufgenommen.

So schwer er hoch und theuer, er sey bey Gott gewesen, Der Mogol meint, er sey bis an die Stern entzuckt, Wenn er nur einen Trunck von diesem Saffte schluckt. Und können wir allhie die schöne Mumme trincken, Was ist wohl herrlicher als Würste Speck und Schincken? Durch welche Hertz und Mund durchdringend wird ergetzt, Weil es dem Leibe Kraft und Marck in Knochen setzt. Ein starcker Sachse wird, wie alle Völcker sagen, Nie schmal in Schultern seyn, noch schlappe Lenden tragen; Fragt einer, welches denn die Ursach dessen sey? Er isset Speck und Wurst, und trincket Mumm dabey.«

Dieses Loblied auf die Braunschweiger Mumme war aber zugleich so etwas wie ein historischer Rückblick, denn die Glanzzeit der Mumme als globalisiertes Handelsprodukt aus Braunschweig war längst vorüber. Letztmalig hatte zur Tausendjahrfeier der Stadt Braunschweig 1861 der Theaterleiter Carl Schultes ein Stück geschrieben unter dem Titel »Brunswiks Leu, stark und treu«, das eine abschließende Würdigung von Erfindung und Ruhm der Mumme darstellte. Die Aufführungen am Herzoglichen Hoftheater fanden begeisterten Zuspruch bei den Braunschweiger Theaterfreunden. Doch wie so oft: was nicht mehr ist, wird zum besonderen Objekt der Erinnerung, und wo Fakten nicht ausreichen, müssen Fiktionen die Wissenslücken schließen und die Bedeutung der Vergangenheit gerät schließlich auch zur Verklärung.

Was versteht man eigentlich unter Braunschweiger Mumme?

Über die tatsächliche Zusammensetzung und Herkunft der Mumme lassen sich keine allgemein verbindlichen Aussagen machen, zu vielfältig und unterschiedlich sind die Aussagen in den Quellen und zu zahlreich die Legenden, die sich um die Mumme im Laufe der Jahrhunderte entwickelt haben. Erstmals detailliert forschend und wissenschaftlich begründet hat sich der Wolfenbütteler Arzt und Naturforscher Dr. med. Franz Ernst Brückmann mit der Kunst des Bierbrauens beschäftigt und dabei 1736 eine ausführliche Abhandlung über die »*Mumia Brunsvicensium*« vorgelegt. Darin beschreibt er sie folgendermaßen:

»Die Mumme ist ein edles, alkoholhaltiges, magenstärkendes Bier, dem Einbecker Bier am nächsten stehend, aber etwas dicker, im Geschmack jedoch jenem völlig gleich… Sie steigt leicht zu Kopf und macht ihn schwer. Sie ist ein so haltbares Getränk, daß sie den Äquator, ohne irgend welche Änderung oder Verderbnis zu erleiden, ohne sauer noch kahmig zu werden, passieren und ohne Gefährde nach beiden Indien verschifft werden

kann. Einige Brauer taten vordem während des Siedens Alantwurzel, Kardamomkörner und andere Gewürze hinzu…, doch ist man wieder ganz davon abgekommen, weil viele behaupteten, daß dieser Trank Erbrechen hervorrufe, und so wird die Mumme jetzt nur noch aus Gerste und Hopfen bereitet.«

In ähnlicher Weise wird die Besonderheit der Mumme auch noch in einem Braunschweigischen Bierbuch aus dem Jahre 1723 beschrieben: »*die Mumme, welche ein angenehmer, wohlriech- und schmeckender Gersten-Safft ist, so in der Stadt Braunschweig gekochet, und wegen ihrer Vortrefflichkeit die Tag und Nacht gleichmachende Linie passieret und bis in beyde Indien verfahren wird, worin sie es allen andern Bieren zuvor thut…*« In beiden Fällen besitzen wir jedoch nur eine allgemeine Beschreibung, kein gültiges Rezept. Im Gegenteil ist keineswegs endgültig geklärt, ob nicht in der Anfangszeit der Begriff Mumme generell für das dunkle Braunschweiger Bier, das Rotbier, synonym verwendet wurde, da der Name Mumme gelegentlich in Verbindung mit speziellen Sorten von Rotbier in Verordnungen der Stadt Braunschweig auftaucht und von Weißbier ausdrücklich unterschieden wurde. Allerdings darf man auch bei diesen Zuordnungen der Bezeichnungen nicht einfach nur an die Unterscheidung von zwei Biersorten denken. Je nach Zutaten und Konsistenz, Geschmacksrichtung und Alkoholgehalt sowie Färbung wurde jeweils eine einzelne Biersorte unterschieden und benannt.

Selbst Brückmann hat nach den jeweiligen Überlieferungen mindestens fünf unterschiedliche Sorten von Mumme festgehalten:

- die einfache bzw. ordinäre Mumme
- die doppelte Mumme, kräftiger als die einfache
- die Kirschmumme, der man zerstoßene schwarze Kirschen beifügte
- die Erntemumme, ebenfalls stärker als die einfache Mumme wurde im März gebraut und im April/Mai ausgeschenkt
- sowie das Mummebier bzw. Mummedünnbier.

Abgesehen von der unterschiedlichen Zusammensetzung war der starke Malzgehalt, der die dunkelbraune Farbe und zähe Dickflüssigkeit der Mumme hervorrief, wohl für alle Mummesorten charakteristisch. Das bedeutendste Universallexikon des 18. Jahrhunderts, Zedlers Grosses vollständiges Universal-Lexicon Aller Wissenschaften und Künste, widmet im 4. Band (1733) mehrere Beiträge der Braunschweigischen Mumme und beschreibt sie als

»Braunschweigische Mumme, ein gar starckes Hopffen-Bier, so aus gebranntem Maltze gebrauen wird. Man lässet selbiges mit dem Maltz und Hopffen gar lange kochen, und währendem Kochen wird es beständig gerühret; daher es denn sehr saturirt und starck wird«.

Zur einfachen Mumme wird ausgeführt, dass sie für den raschen Verbrauch gebraut wurde, während die Ernte-Mumme in Fässer abgefüllt den Bauern zur Erntezeit verkauft wurde. Als die beste Mumme galt die doppelte Mumme, die auch als Schiff-Mumme bekannt war, da »sie sich vor der Stadt-Mumme auf dem Wasser wohl hält, und weit und lange ohne Anstoß oder Verderben führen läßt«. Zur Verbesserung der Haltbarkeit wurde um 1675 der Alkoholgehalt verdoppelt. Diese »Segelschiff-Mumme« war zäh und dickflüssig, so wie in der Gegenwart die Mumme diese Konsistenz noch hat, allerdings ohne Alkohol. 1681 beklagten die Schiffmummebrauer, dass »infolge der Vorschriften der Abnehmer betreffs des Malzgehaltes sehe die Schiffmumme nunmehr einem Öle ähnlicher als einem Biere«. Die doppelte Mumme war also wesentlich dicker als die einfache oder Stadt-Mumme, fast sirupartig und dabei süß und kräftig wie Arznei. Sie löschte auch keinen Durst, wurde jedoch statt Kaffee oder Tee getrunken und »nebst geräuchertem Schinken oder Schlackwurst zum Frühstück genossen«. Aufgrund ihrer Zusammensetzung und nahrhaften Wirkung galt sie auch als Medizin, die von Ärzten ausdrücklich gegen bestimmte Krankheiten empfohlen wurde:

»Manchmal muß es eben Mumme sein Braunschweig, das vor langer Zeit der Cherusker Volck bewohnet, wo noch teutsche Treue wohnet, zeiget viel Anmuthigkeit: Seine Jungfrau und sein Bier, welches man die Mumme nennet, kaum dem Wein den Vorzug gönnet, suchet jeder mit Begier. Mumme schmecket süß und lieblich, zur Gesundheit dient sie auch, schmerzet einem Brust und Bauch, ist es da zu Lande üblich, daß man es gewärmet trinckt. Sich sodann ins Bette leget, bis ein warmer Schweiß sich reget, der aus allen Gliedern sinckt. Dieser angenehme Tranck wird bey späten Abend-Stunden bey den Weibern selbst gefunden; vor dem Bette, auf der Bank; denn die starck gesalzte Wurst, die sie zu vorher gespeiset, ehe sie zu Bett gereiset, regt bey Nachte oft den Durst, welchen sie mit Mumme kühlen. Doch wer ihn zu viel genießt und zu häufig in sich gießt, muß zuweilen Kopff-Weh fühlen; mäßig aber ist gesund, denn es stärcket Kopff und Magen, machet Brüste, Bauch und Kragen ganz geschwinde dick und rund.«

Die Förderung der Gesundheit bestätigten in späterer Zeit – allerdings war die Mumme

Die Geschichte der H. Nettelbeck KG

Was ist Mumme?

Die Nettelbecksche Mumme ist ein alkoholfreier Malzextrakt. Sie wird nach dem alten Rezept der Familie Nettelbeck aus Gerstenmalz und Wasser gebraut. Die Mumme ist ein reines Naturprodukt und frei von jeglichen Zusätzen. Früher wurde sie gern pur als Stärkungsmittel verabreicht oder im Bier getrunken. Heute sieht man die Mumme eher als Konzentrat zum Backen und Verfeinern von Speisen.

100g der Nettelbeckschen Mumme enthalten folgende Nährwerte:
Kohlenhydrate 48,2g
Eiweiß 3,2g
Fett 0,1g
kJ 878
kcal 207

nun ein alkoholfreies Stärkungsgetränk – auch Fachleute und Mediziner, so 1891 Dr. med. Paul Lutze aus Köthen:

»Die bazillenfreie Braunschweiger Doppel-Schiffsmumme halte ich nach eingehender Prüfung der mir bekannten Analyse der Professoren Dr. Otto und Dr. Beckurts für ein vorzügliches Nahrungsmittel, welches sich besonders zur Stärkung bewähren dürfte. Da die Mumme auch bei homöopathischer Behandlung in jeder Menge gestattet ist, wird sie durch diese Eigenschaften zu einem wahren Volksmittel. Ich selbst bin von der Vorzüglichkeit der Mumme so überzeugt, daß ich sie ferner in allen einschlägigen Fällen verordnen und empfehlen werde.« oder 1910 der Geheime Sanitäts-Rat Dr. Schliep:

»Ich bestätige gerne, daß Ihre Majestät die hochselige Kaiserin Augusta längere Zeit als Stärkungsmittel Braunschweiger Schiffsmumme aus der Brauerei Ihres verstorbenen Herrn Vaters

des Königl. Preuß. Hoflieferanten Ad. Heinr. Nettelbeck in Braunschweig bezogen hat und daß die behandelnden Ärzte Geheimrat Dr. Velten und ich mit der Wirkung auf die hohe Patientin zufrieden waren«.

Der Name der Mumme

Nachdem wir erste wichtige Aspekte aus der Geschichte der Mumme kennengelernt haben, stellt sich natürlich auch die Frage, woher dieses Braunschweiger Bier eigentlich seinen Namen hatte. Es sei schon vorweg gesagt, wir wissen es eigentlich nicht. Weder von der Wortdeutung her noch aus den Quellen lassen sich dazu verbindliche Aussagen machen. Allerdings existieren zahlreiche Vermutungen, Vorschläge und anekdotische Überlieferungen, die es durchaus näher kennen zu lernen lohnt. Der Dresdner Hofrat Theodor Gräße, Direktor des Grünen Gewölbes, überlieferte 1872 die Nachricht, dass die Mumme, »*ein schweres, kräftiges und zu Liebeswerken reizendes Braunbier*«, wegen seiner Haltbarkeit mit den ägyptischen Mumien verglichen worden wäre »*und daher heiße es Mumme*«. Geradezu abenteuerlich, allerdings unterhaltsam, war die Erklärung in einer anonymen Schrift unter dem Titel »*Biere-logia*«: »*Von der Braunschweigischen edlen und wohlschmeckenden Mumme und deren Eigenschaften etwas kürzlich zu schreiben, wodurch dieses berühmte Getränk seinen Namen bekommen, als ist zu wissen, daß unter den Braunschweigischen Brauern deßwegen ein großer Streit gewesen, wie sie ihr gebrautes Bier mit einem würdigen Namen nennen wollten, weil solches vor andern Bieren einen sonderlichen Vorzug und lieblichen Geschmack wie auch eine würkende Krafft hätte, haben derowegen einen gewissen tag bestimmt, an welchem sie alle in einem Brauhause zusammenkommen, und dem Kinde einen rechten Nahmen geben wollten, und wie es der nennen würde, so zuletzt käme, darbey sollte es bleiben; Wie nun bey ihrer Versammlung gleich der Hirte das Vieh ausgetrieben, ist der Bulle oder Ledermacher, als der letzte in das Brauhaus gelaufen kommen, und hat nach seiner natürlichen Gewohnheit gebrüllet wie ein Ochse, und diese Stimme von sich gegeben: Mum, Mum, Mum! mit welchem Nahmen die Brauer haben müssen zufrieden seyn, weil sie ihren festen Schluß nicht umstoßen konnten, denn es sollte bey des letzten Ausspruch bleiben.*« Im Jahr 1723 dagegen veröffentlichte der Arzt Dr. R.A. Behrends in den »*Breßlauer Kunst- und Natur-Geschichten*« die Vermutung, die Bezeichnung gehe auf den Namen des Erfinders Mumme zurück, eines Bierbrauers aus einem angesehenen und bekannten Geschlecht in Braunschweig, das »*annoch beständig grüne*«. Auch dazu finden sich noch amüsante Erklärungen über die näheren

Gründe von Christian Mumme, dieses Bier »zu erfinden«: »*Danach hat ein gewisser Christian Mumme das Bier gleichen Namens erfunden – und zwar aus Liebeskummer. Nach Zurückweisung durch seine Angebetete suchte er Seelenheil im Kloster, fand dort aber statt innerer Einkehr einen Bier brauenden Mönch, mit dem er zunächst einmal seinen Kummer ertränkte. Auf den Geschmack gekommen, versuchte er sich selbst als Brauer, und gründete zusammen mit dem Klosterfreund die erste Mumme-Brauerei Braunschweigs. In einer etwas bunteren Version dieser Erzählung taucht noch eine adrette Novizin auf, die Herrn Mumme vor der Erfindung des gleichnamigen Bieres erst einmal ordentlich tröstet.*«

In den weiteren Darstellungen von Brückmann und in Ph. C. Ribbentrops »Beschreibung der Stadt Braunschweig« (1789 – 1791) wurde diese Deutung näher ausgeführt und der Herstellungsart sogar lokalisiert: »*Nahe am alten Petritore ist das Haus Nro. 846, welches dem Kaufmann Johann Heinrich Degener gehöret, sehr merkwürdig; denn dieses bewohnte Christian Mumme, welcher die Mumme erfunden und sie 1498 zum erstenmale gebrauet hat. Sie wurde nach seinem Namen genannt. Sein Geschlecht hat 1736 hier noch geblühet, und bis jetzo wohnt noch ein Gärtner dieses Namens vor dem Fallersleber Thore. Christian Mumme versellete seine gebrauete Mumme und hatte zum Schilde das Stück eines Rückgrades von einem Fische (Walfisch) an einer Kette an der Ecke seines Hauses hangen, um dadurch anzuzeigen, daß das von ihm erfundene Bier über das Meer versendet würde. Dieses statt des Schildes dienende Stück des Rückgrades hängt noch an seiner Stelle, und in dem darunter befindlichen Ständer ist ein Mann mit einem großen Trunkglase, Paßglase, gehauen. Die Brauerei der Mumme, welches Getränke nach Ostindien verfahren werden konnte, trug zum Wohlstande und Reichthume Braunschweigs vormals das größte bei. Man schätzte daher vorzüglich dieses Product.*«

Der Oberkommissar am Packhof und seit 1792 Kammerrat Philipp Christian Ribbentropp (1737 – 1797) hat in seiner materialreichen Beschreibung Braunschweigs im Jahr 1789 jene Deutung ausgearbeitet, die am längsten die Überlieferung zur Herkunftsfrage der Mumme bestimmt hat und noch heute gelegentlich zu lesen ist. Er verknüpfte erstmals den Brauer Christian Mumme mit dem Haus Am Alten Petritore 2, wo er im Jahr 1498 die Mumme erfunden und erstmals gebraut habe. Darauf weise vor allem die auffällige, geschnitzte Figur eines Männchens mit langem Passglas auf der Eckkonsole des Hauses mit einem darüber an einer Kette hängenden Wirbel eines Wales hin.

Den Walwirbel deutete man als Zeichen für das Fernreisen des Hausbesitzers und verband diese Deutung mit der Nachricht, dass die Mumme »*wegen ihrer Vortrefflichkeit die Tag und Nacht gleichmachende Linie passieret und bis in beyde Indien verfahren wird, worin sie es allen anderen Bieren zuvor thut*«. Mummebrauerei und Fernhandel sah man in dieser Symbolik am Hause wiedergegeben. Jedoch konnte der Braunschweiger Historiker Heinrich Mack alle diese Deutungen bereits 1911 in das Reich der Legenden verweisen. Weitaus früher konnte er die Mumme belegen, als sie angeblich erstmals gebraut wurde, und selbst der Familienname Mumme traf für dieses Haus nie zu. Erst ab 1676 war hier ein Brauer tätig, ohne dass dies

Die Geschichte der H. Nettelbeck KG

Mumme-Männchen mit Passglas
Auf dem Foto ist die Original-Holzfigur des Hauses am Alten Petritor 2 zu sehen. Dieses Haus wurde im Zweiten Weltkrieg zerstört. Darunter ist eine auf die Firma H. Nettelbeck KG eingetragene Schutzmarke aus dem Jahr 1912 abgebildet.

aber für unser Thema von weiterer Bedeutung ist. Die frühen Betrachtungen, Traktate oder zeitgenössischen Hinweise zum Thema Braunschweiger Mumme, wie sie seit dem 18. Jahrhundert vermehrt erschienen waren, sind entstanden, als der Mummehandel seinen Höhepunkt längst überschritten hatte und wirtschaftlich unbedeutend war. Nun begann man sich offenbar für die Geschichte der Mumme zu interessieren. Dabei vermischten sich Fakten und Fiktionen zu einem populären Bild einer legendenhaften Verklärung und Verherrlichung der Mumme, das sowohl durch Brückmanns Abhandlung als auch zahlreiche Illustrationen des Braunschweiger Kupferstechers A.A. Beck in einem von Brückmann 1742 herausgegebenen Sammelband besonders weite Verbreitung fand. Als bekannteste Bilddarstellungen galten das sogenannte »Mummehaus« sowie das »Braunschweiger Mummekind«. In der Bildbeschreibung zu dem Kupferstich von 1736 in Brückmanns Abhandlung heißt es dazu: »*Dat Brunswieksche Mumme-Kind. Abbildung eines Maltz-Kärners, dem die Mumme so ungemein wohl geschmecket, daß er darinne sich so dicke, ja, gar zu Tode gesoffen, seines Alters 30 Jahr, an dem Gewicht hat er gewogen drey und*

»*Braunschweiger Mummekind*«

einen halben Centner.« Dieses »*Mummekind*« soll für sein Hemd zwölf Ellen Leinwand, fünf Ellen Stoff für den Rock und für die Hose vier Kalbshäute benötigt haben. War diese Darstellung mehr Ausdruck für die nahrhafte Wirkung der Mumme, so belegen das bereits erwähnte Gedicht in einem Schuldrama von Johann Albert Gebhardi aus dem Jahr 1707 sowie das bekannteste Mummelied »*Brunsewyk du leve stat…*« die Bedeutung der Mumme in der Erinnerungskultur der Stadt Braunschweig im 18. Jahrhundert:

»Wenn ick gnurre, kyve, brumm,
Slepe mick mit sorghen,
Ey, so geft mick gude mumm
Bet tom lechten morghen.
Mumme un eyn stumpel worst
Kann den hungher un den dorst,
Ok de Venusgrillen,
Kulk, podal un tenepyn,
Sup ick tein halvstoveken in,
Albedelle stillen.

Hinrik mach de voggel vanghen,
Droslen, artsen, vinken,
Lopen mit der lymenstanghen:
Ick will mumme drinken.
Vor de Slackworst la tick stan
Synen besten uerhan.
Kann ick worst gheneyten,

*Kyck ick mick na nist mer um,
Lat darup vyf stoveken mumm
Dorch de kele fleyten.«*

Das »*Braunschweigische Mummelied*« stammt aus der 1718 im Opernhaus am Hagenmarkt während der Sommermesse aufgeführten Oper »*Heinrich der Vogler*«. Die Verse hatte der spätere Dresdner Hofdichter Johann Ulrich König (1688 – 1744) verfasst, die Vertonung stammte vom herzoglichen Kapellmeister Georg Kaspar Schürmann (1672 – 1751). Dieses derbe Lied erinnerte an zwei kulinarische Besonderheiten Braunschweigs, wie sie in dieser Kombination mehrfach in Berichten früherer Zeiten hervorgehoben wurden: Wurst und Mumme. In einem anonymen Reisejournal von 1789 findet sich dazu als Eintrag:

»*Dieser Panegyrist der Braunschweiger Mumme und der schönen Braunschweigischen Würste hat in seiner dichterischen und schwelgenden Extase nicht Unrecht, wenn er beyde so sehr heraushebt. Beyde Artikel sind auch im Handel sehr wichtig, zumahl die sogenannten Mettwürste, und bringen des Jahrs sehr große Summen ein. Die Mettwürste haben nicht nur durch ganz Europa Abgang, sie werden auch nach andern Welttheilen, besonders nach Ost= und Westindien verschickt, wo sie auf feyerlichen Tafeln, wie ich von einem guten Freunde, der in jenen Gegenden gewesen, sicher weiß, nebst Hamburgischen geräucherten Fleische ohnausbleiblich paradiren müssen, sobald der Wirth ein vollständiges Gastmahl geben will.*«

Dies war keineswegs eine Einzelmeinung, wie uns der sächsische Steuerbeamte Gottlob Friedrich Krebel (1729 – 1793) 1792 bestätigt: »*Schließlich ist noch zu merken… daß die Braunschweiger Würste sehr wohlschmeckend sind und daß das bekannte Bier Mumme wegen seiner Stärke selbst bis Asien, ohne zu verderben, verführt wird.*«

Auch der Schriftsteller Friedrich Johann Konrad (1789 – 1858) war 1820 begeistert von diesen Spezialitäten: »*Mit Braunschweiger Würsten und Mumme regalierte ich meine Reisegefährten; die ersteren sind vortrefflich und werden nicht nur in ganz Deutschland als Leckerbissen, sondern sogar auch auf den Tafeln der Engländer in Ostindien verzehrt.*«

Als aber Ribbentrop das Mummelied in seiner »*Beschreibung der Stadt Braunschweig*« abdruckte, warnte er den Leser hinsichtlich der Derbheit des Liedes ausdrücklich: »*Unser Gehör, unsre Empfindung, unser Geschmack in Ansehung des Gesangs und Klangs sind feiner geworden; unsere Ohren haben also gewonnen, sollte aber dieses auch wohl in Ansehung unserer*

Magen, folglich der Festigkeit und Stärke unserer Körper der Fall seyn? Man lese nur noch einmal den Gesang, sehe in unserm Zeughause die schweren Schlachtschwerdter unserer Vorfahren, hebe sie auf – denke nach.«

An diesen ausgewählten Beispielen wird bereits die Wirkungsmächtigkeit der Überlieferung zur Braunschweiger Mumme eindrucksvoll bestätigt, bei der mehr und mehr die Geschichten um die Mumme in den Vordergrund traten und die historische Wirklichkeit der Mumme als Handelsprodukt und Teil der Braunschweiger Wirtschaftsgeschichte überdeckten. Daher soll anschließend an dieses Kapitel der Versuch gemacht werden, den historischen Spuren der Mumme nachzugehen.

Historische Entwicklung

Braunschweig war im Mittelalter eine bedeutende Großstadt in Norddeutschland, die im 14. Jahrhundert ca. 18.000 Einwohner gehabt haben dürfte. Sie lag im Schnittpunkt großer Fernhandelsstraßen, vor allem der für den Ost-West-Verkehr wichtigen Verbindung zwischen Hildesheim und Magdeburg sowie Hamburg-Lüneburg und Halberstadt-Quedlinburg-Aschersleben. Braunschweig war das größte Exportgewerbezentrum in Sachsen, zugleich waren Fern- und Zwischenhandel Schwerpunkte der Wirtschaftsstruktur Braunschweigs. Der Export war bestimmt durch heimische Erzeugnisse der Tuchmacher und Metallhandwerker sowie durch Getreide, Holz und Bier, während feine Tuche aus Flandern und England, Felle, Seide, Gewürze, Fische und Salz neben Holz, Kohle und Edelmetallen zu den wichtigsten Importgütern zählten.

Für das Wirtschaftsleben war seit Mitte des 13. Jahrhunderts die Mitgliedschaft in der Hanse maßgeblich. Auch die Lage an der schiffbaren Oker hat viel dazu beigetragen, dass Braunschweig als Stapel- und Umschlagplatz an Bedeutung gewann. Die Warentransporte erfolgten in erster Linie mit Frachtwagen über die Landstraßen, aber auch auf Schiffen zu den Hansestädten. In den Quellen und Urkunden sind dabei enge Handelsbeziehungen zu den Hansestädten der deutschen Nord- und Ostseeküste belegt (Hamburg, Bremen, Lübeck, Stade) sowie zu England (London), Flandern (Gent, Brügge), Brabant (Antwerpen, Bergen op Zoom), Russland (Smolensk, Nowgorod), Gotland, Riga und Ungarn.

Dabei spielten für die Wirtschaftsgeschichte vom Spätmittelalter bis um 1700 die

Bierbrauerei und der Bierhandel eine ebenso herausragende Rolle, insbesondere durch die Braunschweiger Mumme. Diese war ein überaus beliebtes Getränk bei den Biertrinkern, wie es im Jahr 1700 in einer Publikation ironisch betont wird, denn »*an der Spitze der materiellen Gaben, um deretwillen der mit Bildung nicht überfütterte Nichtbraunschweiger Braunschweigs Daseinsberechtigung anerkennt, steht die Mumme*«.

Zahlreiche Brauereien gab es damals in der Stadt Braunschweig, denn Bier war auch für die Ernährung der Bürger eine nicht unerhebliche Grundlage. Auch für Kinder wurde die Mumme als Getränk anstelle von Wasser vorgezogen, da sie durch die Herstellung im Gegensatz zum Trinkwasser keimfrei und damit gesünder war. So berichtete der Reformator des Braunschweigischen Armenwesens, Johann Anton Leisewitz, seine Kinder speisten viel Wurst und tranken viel Mumme. Der pro-Kopf -Verbrauch des Bieres lag im Spätmittelalter in der Stadt Braunschweig bei mehr als 300 Liter, im Gegensatz zu etwas mehr als 100 Liter in der heutigen Zeit. Das helle Bier fand meist seinen Absatz in der Stadt selbst und in der Region, spielte also für den weitergehenden Handel eine geringe Rolle. Allerdings war es beim Absatz auf dem Land, insbesondere bei der Belieferung der Dorfkrüge, ein ständiger Grund für Auseinandersetzungen der Stadt mit den Braunschweigischen Herzögen. Die Brauer der Stadt sahen es nämlich als ihr alleiniges Recht an, die Dorfkrüge auf dem Land zu beliefern, wogegen die Herzöge Einspruch erhoben. Diese hatten ihre eigenen Brauereien und forderten für sich das Monopol der Bierlieferungen an die Dorfkrüge, zumal deren Betreiber vielfach in einem Lehnsverhältnis zu den Landesherren standen. In den ständigen Streitigkeiten der vom Kaiser vielfach privilegierten Stadt Braunschweig spielte daher der Bierhandel immer wieder eine große Rolle, so dass von einem regelrechten Bierkrieg zwischen der Stadt Braunschweig und ihrem Landesherrn gesprochen werden kann. Auch aus solchen Überlieferungen lässt sich ersehen, welche Bedeutung das Bierbrauen und der Bierhandel seit dem Mittelalter in Braunschweig für die Wirtschaftskraft der Stadt besaßen. Verkauften übrigens die Brauer stets direkt und auf eigene Rechnung an die Dorfkrüge, so war der ebenfalls nicht unbedeutende Handel mit auswärtigem Bier das alleinige Geschäft der Händler und Fernhändler. Besonders berühmt war das Einbecker Bier, das als Luxusware galt, daneben wurde Bier aus Northeim und Göttingen importiert. Die Fernhändler kauften in den bekanntesten

Die Geschichte der H. Nettelbeck KG

Hoher Besuch im Haus „Zur Eule"

Am 28. Juli 1916 besuchten Herzog Ernst August und Herzogin Victoria Luise zusammen mit Ihrem Gast König Ludwig von Bayern die H. Nettelbeck KG. Es heißt, die Mumme fand bei den adligen Gästen „huldvolle Anerkennung". Bei einem Vorabbesuch am 25. Juli 1916 trug sich das Herzogpaar in die Chronik der H. Nettelbeck KG ein.

Bierstädten das Bier fassweise oder tonnenweise auf und verkauften es, wo immer eine Absatzmöglichkeit bestand. Abnehmer in Braunschweig war der Rat der Gesamtstadt, denn er hatte das alleinige Privileg auf Ausschank fremden Bieres, das er durch seine Wirte ausübte.

Eines der wichtigsten Fernhandelsgüter des Nachmittelalters war die seit 1390 urkundlich belegte Braunschweiger Mumme. Ihr Transport erfolgte zunächst über Landstraßen nach Bremen, Hamburg und Lübeck. Sehr oft erfolgte der Umschlag der Mumme in Celle, wo sie per Schiff nach Bremen transportiert wurde. Wegen der damit verbundenen Zolleinnahmen war der Lüneburger Herzog stets an einem guten Handelsverlauf der Braunschweiger Mumme interessiert, wie sich besonders bei den Auseinandersetzungen zwischen Braunschweig und Bremen wegen des Mummehandels herausstellen sollte. Bremen war für die Braunschweiger Mumme einer der wichtigsten Umschlagplätze im Fernhandel. Von dort wurde die Mumme weitertransportiert nach den Niederlanden, Friesland, England und Dänemark. Aber auch Hamburg und Lübeck waren wichtige Absatzmärkte und Umschlagplätze. Der Landtransport nach Lübeck überquerte bei Artlenburg die Elbe, während von Lübeck aus der Schiffstransport in die skandinavischen Länder, das Baltikum und nach Russland erfolgte.

Bremen und Hamburg waren für die Braunschweiger Mumme aber auch gute Absatzorte, denn sie war bei den Bürgern dieser beiden Städte sehr beliebt. So ist überliefert, dass sie in Hamburg im Einbeckschen Haus neben dem bekannten Einbecker Bier und anderen fremden Bieren schon 1531 ausgeschenkt worden war. 1629 und 1630 schrieb der Handelslehrling Jürgen Kalm aus Hamburg mehrere Briefe an seine Mutter in Braunschweig, in denen er über den guten Absatz der Braunschweiger Mumme in Hamburg berichtete. Am 3. Januar 1629 befand er wörtlich, seine Mutter müsse die »*Mumme hübsch braun brauen lassen, die ist allhier am besten verkauft*«. Am 4. April 1629 informierte er seine Mutter, »*die 5 Faß Mumme habe ich Gottlob wohl empfangen und habe sie in den Ratskeller überliefert, gefällt ihnen sehr wohl. Ihr wollet mir die 15 Faß mit ersten auch hersenden, ja eher ja lieber (…), sie dennoch wohl welche mehr haben, ich kann das Geld dafür bekommen*«. Diese Briefe belegen zunächst die Bemühungen des jungen Kalm, den Absatz der offenbar von seiner Mutter gebrauten Mumme in Hamburg zu unterstützen und vermittelnd zu fördern.

Auch die Tatsache, dass die Braunschweiger Mumme an anderen Orten, so etwa in Wismar (als »*Wismarer Mumme*«) oder Riga gebraut bzw. nachgeahmt wurde, belegt die große Beliebtheit des dunklen Bieres aus Braunschweig. Doch solche Beliebtheit wurde letztlich zur Konkurrenz der örtlichen Bierbrauer und konnte zu heftigen Auseinandersetzungen führen, denn letztlich ging es auch um viel Geld. Wie heftig solche Absatzmärkte umstritten waren, zeigte sich an den Beispielen England und Bremen. In England fand die Braunschweiger Mumme so großen Zuspruch, dass die englischen Brauer nicht nur um den Absatz ihrer Biere fürchteten, sondern selbst an der Mumme verdienen wollten und daher eine einheimische Mumme brauten, wodurch sie massiv gegen die Einfuhr der Braunschweiger Mumme agitierten. So brauten sie eine einheimische Mumme nach einem angeblich von der Stadt Braunschweig autorisierten Rezept und versuchten den Handel mit der Mumme aus Braunschweig ganz zu unterbinden.

In der legendenhaften Überlieferung soll dieses ominöse Rezept zur Mummeherstellung durch »*eine vornehme Person*« in Braunschweig an den Duc d'Albemarle, den General George Monk, übergeben worden sein. Dieses Rezept sollte nun nach dem Tod des Herzogs eine Person erhalten, die nichts anderes als Mumme braue, und die Rechtmäßigkeit des Rezepts sei durch das Braunschweiger Stadtsiegel belegt worden. Die Forschung konnte diese herrliche Geschichte, die ein Beispiel früher »*Wirtschaftsspionage*« war, in der Sache zwar längst widerlegen, dennoch lässt sich eine grundsätzliche Auseinandersetzung um die Braunschweiger Mumme in den Akten für das Jahr 1670 belegen. Der Kaufmann Jacob Jacobsen berichtete damals aus England, dass zahlreiche Brauer in London ihr Bier als Braunschweigische Mumme bezeichnen würden. Er berichtete dabei auch vom Gerücht über die Rezeptgeschichte des Generals George Monk. Selbst wenn diese Nachricht zunächst noch einmal den guten Ruf der Braunschweiger Mumme unterstreicht, so war es für die Stadt Braunschweig doch eine so wichtige Angelegenheit, dass sie mit gewichtigen Argumenten in einer schriftlichen Stellungnahme gegen die Behauptung Widerspruch einlegte, es könne sich um ein mit amtlicher Genehmigung der Stadt genutztes Mummerezept handeln. Das beschriebene Rezept war tatsächlich so abenteuerlich, daß es sich nur um eine Fälschung gehandelt haben konnte, »*denn durch die Menge der verschiedenartigsten und absonderlichsten Ingredienzien, die es verlangt, charakterisiert es sich als eine Ausgeburt einer wilden Phantasie oder einen schlechten Witz: auf diese Art gebraute Mumme müßte ein wahrer Höllentrank gewesen sein«.* Hamburg, Bremen und Lübeck waren aber nicht nur Empfangsorte der Mumme zum Ausschank vor Ort oder in den Bierkellern und Dorfkrügen der näheren Umgebung, sondern vor allem wichtige Umschlagplätze für den Fernhandel mit Mumme.

Oft wurde der Transport der Mumme zu einem unfreiwilligen Abenteuer. So hatten sich 1645 alle Mummehändler, die ihre Ware nach Lübeck verhandelten, mit der Bitte um Hilfe an den Rat der Stadt Braunschweig gewandt. Sie klagten darüber, dass der Zöllner in Artlenburg nicht nur die vorgeschriebene Zollkontrolle vornahm, sondern von jedem Wagen bzw. Fass mit Mumme ½, ¾ oder ein ganzes Stübchen abzapfen ließ und dabei keineswegs zimperlich verfuhr. Weigerte sich nämlich der Fuhrmann, dieser Aufforderung *»auf Versorgung«* nachzukommen, so zapfte der Zöllner selbst. Diese Vorgehensweise bedeutete für die Fuhrleute jeweils einen oder zwei Tage erzwungenen Aufenthalt an der Elbe. Die Händler forderten daher die Städte Braunschweig und Lübeck auf, gegen diese ungerechte Behandlung bei der Regierung von Lauenburg zu protestieren, was auch geschah. Leider ist vom Ergebnis dieser Auseinandersetzung um die Willkür eines Zöllners, der offenbar die Mumme liebte, keine weitere Nachricht überliefert.

Vom Zoll und anderen Gebühren

Der Handel mit der Braunschweiger Mumme war aber nicht nur für die Bierbrauer und Fernhändler ein einträgliches Geschäft, auch die Städte und Landesherren verdienten daran, denn stets waren auf diesen Transporten Zölle und Abgaben zu bezahlen. So musste etwa ein Händler 1615 für den Mummetransport nach und durch Bremen zunächst in Celle für jedes Faß 18 Groschen entrichten, in Bremen dann für jedes Faß *»Tonnen- und Konvoigeld«* in Höhe von 3 Groschen und beim Weitertransport nach Oldenburg schließlich beim dortigen Zoll nochmals 6 Groschen. Bei solchen Zusatzkosten wird verständlich, dass man sich darum bemühte, von den jeweils zuständigen Regierungen oder Städten besondere Zollprivilegien bzw. -befreiung zu erwirken. So hatte beispielsweise im Jahr 1666 der schwedische Reichsmarschall Carl Gustav Wrangel den zollfreien Transport der Braunschweiger Mumme in den unter schwedischer Verwaltung stehenden Gebieten von Verden und Insum bei Bremen angeordnet und die

Das Mumme-Haus am Bäckerklint

Das Kniep'sche Haus (Brauerei Wilhelm Kniep), Foto um das Jahr 1870

Innenansicht des Gastraumes im Mumme-Haus

1884 wurde das Stammhaus von Franz Steger übernommen. Diese Aufnahme stammt aus dem Jahr 1910.

Zolleinnehmer mit einem entsprechenden Edikt vom 23. Februar 1666 angewiesen, danach zu verfahren.

Schweden, das bereits bei der Einfuhr von Braunschweiger Mumme im eigenen Land gute Einnahmen erzielte, war daran interessiert, in seinen im 30jährigen Krieg eroberten Gebieten in Norddeutschland die marode Wirtschaft wieder aufzubauen und zugleich die Bevölkerung besser zu versorgen, um Unruhen zu vermeiden. Daher war man an guten Handelsbeziehungen zu Braunschweig interessiert. Zu Beginn des 17. Jahrhunderts hatte die Stadt Braunschweig eine solche Einfuhrerleichterung bereits »versuchsweise« für Hamburg erreicht.

Als jedoch Braunschweig am 3. März 1612 die unbeschränkte Einfuhr und Durchfuhr seines Bieres ohne zusätzliche Abgaben beantragte, wollte Hamburg über die ursprüngliche Regelung nicht mehr hinausgehen. Man verwies darauf, dass das braunschweigische Bier schon bevorzugt in Hamburg ausgeschenkt werde und sogar in Bürgerhäusern

Die Geschichte der H. Nettelbeck KG

Produktdesign im Wandel der Zeit

ab 1911   ab 1911   ab 1949   ab 1949   um 1950   ab 1968   ab 1976   ab 1996

eingelagert werden dürfe. Hinter solchen strengen Regelungen stand nicht in erster Linie die Sorge um den Verlust der Steuereinnahmen, sondern die einheimischen Brauer fürchteten vor allem den Rückgang beim Verkauf der eigenen Biere gegenüber der beliebten und berühmten Braunschweiger Mumme.

Diese Tatsache kann man besonders eindrucksvoll an einem fast 100 Jahre andauernden »Bierkrieg« zwischen Bremen und Braunschweig verfolgen. Der Rat der Stadt Bremen hatte für die Braunschweiger einige Erleichterungen beim Stapelzwang für Mumme vorgesehen, da man fürchtete, dass der Handel mit Mumme zunehmend über das abgabengünstigere Hamburg abgewickelt werden könne, was einen deutlichen Verlust für den Bremer Bierhandel bedeutet hätte. Diese Besorgnis erklärt sich leicht aus dem damals geübten Verfahren beim Fernhandel. Die Braunschweiger Mummehändler lieferten in der Regel bis Bremen bzw. Hamburg und verkauften ihre Mumme dann an die ortsansässigen Fernhändler, die für den weiteren Transport und Verkauf sorgten, so dass der Handel mit der aus Braunschweig gelieferten Mumme auch für die Fernhändler in Bremen ein lukratives Geschäft war. Nun fürchteten also die Bremer Händler,

dass dieses Geschäft mit Oldenburg, Holland und anderen Abnehmerorten im Westen zunehmend in die Hände der Händler aus Hamburg gelangen würde. Die Gegner der Steuer- und Abgabenerleichterung argumentierten dagegen, dass von Hamburg nach Holland bereits in der Vergangenheit kaum Mumme geliefert worden sei, also keine wirtschaftliche Gefährdung vorliege.

Sehr bald sollte sich jedoch zeigen, dass die Auseinandersetzungen an den wichtigsten Umschlagplätzen für den Mummehandel keineswegs nur ein Problem der notwendigen Abgaben für die Händler waren. Der Frachtweg über Bremen war und blieb einer der wichtigsten für den Braunschweiger Mummehandel, und zwar sowohl für den Absatz in der Stadt als auch für die Durchfuhr über die Weser. Die Abgaben dafür lagen vor 1600 bei etwa 8 Schillingen pro Fass und seit 1600 bei 16 Schillingen, was durchaus den üblichen Gegebenheiten entsprach. In dieser Zeit führte Braunschweig über Bremen jährlich etwa 1.100 Fass Mumme aus, jedes davon mit etwa 400 Litern. Bis zur Mitte des 17. Jahrhunderts steigerte sich diese Ausfuhr auf bis zu 3.500 halbe Fass. Die steigende Beliebtheit der Braunschweiger Mumme wurde nun aber zu einer wirtschaftlichen Konkurrenz der Brauer in Bremen, die zunehmend um ihren Absatz im auswärtigen Handel, u.a. in Oldenburg, Friesland und Holland fürchteten. Das galt besonders für das Rotbier aus Bremen, das bisher in jenen ausländischen Absatzmärkten, die auch die Mumme betrafen, mit Erfolg verkauft werden konnte. Ganz offenbar aber ging der Umsatz der Bremer Biere deutlich zurück. So wurde geklagt, dass Mumme in Friesland zuvor kaum bekannt war, nun aber müsse man sie »*jetzt auch auf Hochzeiten und Kindtaufen*« haben, während der Absatz der eigenen Biere auf ein Zehntel gesunken sei. Die Bremer Brauer forderten daher massiv Schutzmaßnahmen zugunsten der eigenen Produkte. Erstmals war dieser Streit im Jahre 1603 eskaliert, als die Bremer einem großen Mummetransport des Braunschweiger Händlers Johann Beust die Durchfahrt verweigerten. Erst nach längeren Verhandlungen war Bremen bereit, den Transport zu genehmigen, machte jedoch zur Bedingung, dass zukünftig die Mummetransporte nur noch in reduziertem Umfang stattfinden sollten. Diese Lösung war jedoch auf Dauer nicht realisierbar, so dass es immer wieder zu Auseinandersetzungen mit den Braunschweiger Mummehändlern kam und sich die Klagen beim Bremer Rat häuften. Daraufhin griff dieser 1605 oder 1606 zu einer rigorosen Abwehrmaßnahme: er untersagte endgültig die Durchfuhr für die Braunschweiger Mummetransporte. Als rechtliche Grundlage für diese Entscheidung diente ein 1541 von Kaiser Karl V. bestätigtes Stapelprivileg, auf das man sich schon 1603 berufen hatte. Ziel der Bremer war, die Braunschweiger vom direkten Bier- und Mummehandel an der gesamten Nordseeküste abzuschneiden, um entsprechende Vorteile für den Absatz der bremischen Biere zu gewinnen.

Dieses Ziel aber wurde nicht erreicht. Schlitzohrig wie die Braunschweiger Händler waren, verkauften sie nun ihre gesamte Mumme in Bremen, und zwar an etwa »*30 – 40 wohlgesessene Bürger*«, die dann selbst den Auslandshandel weiter betrieben, wodurch die Konkurrenz im Ausland bestehen blieb. Die Einschränkung des Mummehandels mittels Durchfuhrverbot scheiterte also, und so versuchte man erneut, die Steuer als protektionistische Waffe einzusetzen. Jedes über Bremen hinaus verkaufte Fass Mumme wurde zunächst mit einem und ab 1609 mit zwei Reichstalern Steuer belegt. Damit drohte dem Braunschweiger Mummehandel ernsthafte Gefahr, denn die Verteuerung durch die Steuer war unverhältnismäßig und für den Handel unwirtschaftlich, was auch die davon betroffenen Bremer Mummehändler gegenüber ihrem Rat zum Ausdruck brachten. Aber weder direkte Verhandlungen durch zwei Gesandtschaften 1609 und 1610 noch Proteste der Händler aus Bremen und Braunschweig konnten eine Veränderung der Haltung ihrer Stadt bewirken, denn zu mächtig waren die Bremer Bierbrauer. Selbst als der lüneburgische Herzog Ernst, der bekanntlich über den Zoll in Celle am Mummehandel verdiente, sich in die Auseinandersetzung einschaltete, änderte dies nichts an der starren Haltung Bremens. 1612 und 1613 bemühten sich die Generalstaaten schriftlich und in direkten Verhandlungen um eine Lösung, da auch Amsterdam in dem Verhalten Bremens eine bewusste Schädigung seines Handels sah. Erst nach Androhung massiver Gegenmaßnahmen, durch die der Bremer Seehandel beeinträchtigt worden wäre, fanden offizielle Verhandlungen zwischen Bremen und Braunschweig im Haag statt, die zu einem vorläufigen Vergleich führten. Im Januar 1614 war Bremen bereit, den Steuersatz auf ½ Reichstaler zu reduzieren. Braunschweig versicherte im Gegenzug, seine Mumme nur noch bis nach Bremen zu liefern und dann solange an Bremer Händler zu verkaufen, bis es möglich war, das frühere Recht der Durchfuhr nachweisen zu können.

Diese Regelung hatte vorerst Bestand, obwohl offiziell immer wieder Anstrengungen zur Änderung der Einschränkung unternommen wurden, im Jahre 1618 sogar mit einer Intervention des braunschweigischen Herzogs Friedrich Ulrich. Waren auch die politischen Verhandlungen erfolglos, so wussten sich die Braunschweiger Händler doch erneut zu helfen. Nun vereinbarten sie gegen angemessene Provision mit Bremer Kaufleuten »*Scheinverkäufe*«, übernahmen aber in Holland wieder ihre Ladungen, die sie dann selbst verkauften oder durch Faktoren verkaufen ließen. Man kann sich gut vorstellen, dass solche Praktiken erneut zu Protesten und Eingaben der Bremer Brauer führten, diesmal allerdings ohne Folgen, denn zu groß waren die Sorgen einer massiven Gegenaktion Den Haags gegen den bremischen Seehandel. Ganz im Gegenteil: 1645 gestattete der Rat – ausnahmsweise – die Durchfuhr der Braunschweiger Mumme, und 1649 wurde das Verbot der Verschiffung der Mumme über Bremen hinaus vom Rat schließlich völlig aufgehoben. Diesmal protestierten die Bremer Händler und Brauer gemeinsam, doch alle Proteste, Klagen und Drohungen konnten die Stadt nicht umstimmen.

Hintergrund für die Haltung des Rates war dieses Mal ein weit über die Mumme hinaus reichendes Handelsinteresse Bremens. Im Konkurrenzkampf mit Hamburg musste Bremen nämlich die Annäherung zwischen Hamburg und Braunschweig hinnehmen, das der Hansestadt und deren Händlern deutlich günstigere Zolltarife zugestand als anderen Städten. Diese Vergünstigung wollte man nun auch für Bremen erreichen und kam daher Braunschweig in der Frage des Mummehandels entgegen. Allerdings hatte man inzwischen den Zoll wieder auf einen Reichstaler pro Fass erhöht. Diese Entscheidung hatte lange Jahre Bestand, trotz zahlloser Beschwerden und Eingaben der Braunschweiger Mummehändler. Jedoch waren die politische und wirtschaftliche Situation der Stadt Braunschweig in der zweiten Hälfte des 17. Jahrhunderts kaum noch geeignet, wirkungsvoll in den Verhandlungen mit Bremen aufzutreten. Die Hanse hatte ihr unrühmliches Ende gefunden, die Welfen unter Rudolf August 1671 die Stadt Braunschweig erobert, und die Wirtschaft lag am Boden. Daher half auch die Unterstützung von Herzog Rudolf August für die Mummehändler wenig. Der lästige Steuersatz blieb bestehen, selbst als sich im Jahre 1700 sogar die Bremer Händler den Forderungen aus Braunschweig anschlossen.

Am 1. Oktober 1700 reichten dazu sieben Bremer Kaufleute eine Petition bei Bürgermeister und Rat ein, die Auflagen für den Mummehandel zu erleichtern, denn dieser habe sich in Bremen massiv verringert. Der Grund für diese Entwicklung sei, dass die Mumme aufgrund des hohen Bremer Zolls verstärkt über Lüneburg und Altona nach Holland und England gelange, weil dies kostengünstiger für den Handel wäre. So endete letztlich ein Handelskrieg nach 100 Jahren ohne Ergebnis. Allerdings hatte zu diesem Zeitpunkt der Mummehandel seinen Höhepunkt und seine Blütezeit längst überschritten. Es setzte nun jene erwähnte Historisierung ein, die sicherlich mit dem Mummelied ihren besonderen Ausdruck gefunden hatte.

Von Qualitätsverlust und diebischen Elstern

Gelegentlich wurde in der Literatur spekuliert, dass der Niedergang der Mumme aus Braunschweig mit einem Qualitätsverlust zusammengehangen habe, woraufhin andere Mummebrauweisen wie in England oder in Wismar sich allmählich durchsetzen konnten. Tatsächlich wissen wir aus verschiedenen Schreiben und Edikten, dass manche Unregelmäßigkeiten aufgetreten waren, die den Ruf der Braunschweiger Mumme beschädigt hatten. So beklagten bereits im Jahre 1686 einige Londoner Mummehändler, dass die gelieferten Fässer nicht mehr die angegebene Inhaltsmenge enthalten hätten. Auch wurde darauf verwiesen, dass zunehmend fachfremde Brauer Mumme von schlechter Qualität hergestellt und durch unterschiedliche Beigaben den Geschmack der Mumme verfälscht hätten. Die Oeconomische Encyclopaedie von Krünitz führte 1773 in einem Beitrag Zusatzstoffe der Mumme auf, die den Verdacht bestätigten, dass zum Schaden des Braunschweiger Erfolgsbieres tatsächlich mit solchen Mitteln gearbeitet worden war, denn der Artikel verweist ausdrücklich auf frühere Quellen: »*Bohnen, Rinde und Spitzen von*

Die Geschichte der H. Nettelbeck KG

Haus „Zur Eule"

Das Haus Hintern Brüdern 18 wurde 1321 erbaut und bekam seinen Namen durch die Familie Uhlenbod (de-Ule), in deren Besitz das Haus von 1407 bis 1483 war. Die Brauerei H. Nettelbeck KG bezog „Die Eule" 1907.

Tannen und Birken, Cardobebenedictenkraut, Blüten von Sonnentau, Holunder und Thymian, Pimpinelle, Betonien, Majoran, Polei, Kardamom, Hagebutten, Alant, Gewürznelken, Zimt und sogar Eier. Zur Erzielung der dunkelroten bis braunen Färbung soll auch Kirschsaft zugesetzt worden sein.«

Wie aber erklären sich solche Klagen, wenn doch die Braunschweiger Mumme eines der wichtigsten Wirtschaftsgüter der Stadt und stets berühmt für die einzigartige Qualität war? Nun darf man nicht vergessen, dass in der zweiten Hälfte des 17. Jahrhunderts die gesamte Wirtschaft in der einst blühenden Hansestadt Braunschweig einen gewaltigen Niedergang erlitten hatte, und daher sicherlich Spekulanten und skrupellose Geschäftsleute mit dubiosen Methoden diese Notlagen ausnutzten, um sich zu bereichern. Nach der Eroberung der Stadt durch die Welfen im Jahr 1671 war Herzog Rudolf August daher zunächst bemüht, die Wirtschaft und den Handel zu fördern. Seine wichtigste Maßnahme war die Einführung der beiden Messen im Frühjahr und Herbst, welche zur Grundlage für den wirtschaftlichen Aufschwung Braunschweigs als Messeort im 18. Jahrhundert wurden. Noch hoffte man, hierdurch auch den Mummehandel zu beleben, und so stellte der herzogliche Kanzler Eichel 1677 fest: *»Zu bedauern were es, daß der Mummehandel als ein Kleinod, welches sich diese Stadt einzig und allein in der ganzen Welt für andern Städten zu erfrewen hette, so sehr darnieder lege und man sich dessen nicht recht, wie man sollte, gebrauchete; muste dannenhero andere Anstalt gemachet werden.«*

Es sollten also notwendige Maßnahmen zur Verbesserung der Mumme und des Handels getroffen werden. Im Brauereid aus der Zeit um 1700, den die Mummebrauer vor Eintreten in die Brauergilde ablegen mussten, verpflichteten sich die Mummebrauer ausdrücklich zur Einhaltung der Rezeptur und zum Verkauf der Mumme zum regulären Preis. Dies lässt vermuten, dass Qualitätsmängel und Betrug dem Ansehen der Mumme geschadet hatten. Durch zwei herzogliche Edikte aus dem Jahr 1685 erfahren wir, dass tatsächlich beim Mummehandel mit massiven Betrügereien zu rechnen war. In seiner Verordnung vom 9. Februar 1685 zum sicheren und unversehrten Transport der Mumme von Braunschweig nach Bremen durch Fuhrleute und Schiffer weist Herzog Georg Wilhelm *»alle Schiffer und Fuhrleute, welche mit Mumme oder auch anderen Waren befrachtet werden«* ausdrücklich an, *»sich der Verfälschung, Bezapfung oder Bezwickung derselben (zu) enthalten«*.

Die Probleme waren also vielfältig, sowohl bei der Qualität als auch beim Transport. Die Mumme erfreute sich auch bei den Transportleuten besonderer Beliebtheit, denn gravierender als das Qualitätsproblem war offenbar, dass Zöllner, Fuhrleute und Schiffer auf der Strecke von Braunschweig über Celle nach Bremen zunehmend die transportierten Fässer anzapften und anschließend wieder mit Wasser auffüllten, um den Diebstahl zu vertuschen. Aber trotz der Androhung hoher Geldbußen, Handelsverbot und sogar Gefängnisstrafen wurde diese kriminelle Methode, unter der die Qualität der Mumme deutlich litt, weiterhin ausgeübt, denn noch im gleichen Jahr, am 30. September 1685, erließen die Herzöge Rudolf August und Anton Ulrich eine fast gleichlautende Verordnung, da der finanzielle Schaden für Brauer und Händler enorm war. Besonders in den Dörfern Watenbüttel und Völkenrode sollen diese verbrecherischen Methoden ausgeübt worden sein. Aus zahlreichen Klagen aber wissen wir, dass dies auf die gesamte Strecke des Transportes zutraf, denn sowohl Braunschweig als auch Bremen waren jahrzehntelang bemüht, dieses Unwesen zu bekämpfen. Die Erfolge aber waren mäßig.

Im Kampf um Ansehen und Qualität war schon 1681 eine frühere »*Qualitätskontrolle*« wieder eingeführt worden: die sogenannten Probeherren. Schon im 16. Jahrhundert war in den Quellen zu lesen, dass die zur Ausfuhr vorgesehene Mumme auf Anordnung des Rates abgeschmeckt werden musste und erst danach jedem geprüften Fass das Qualitätszeichen aufgebrannt wurde. 1681 aber protestierten die Brauer gegen dieses Verfahren, da sie aufgrund der großen Menge der für den Transport vorgesehenen Mumme-Fässer eine solche Qualitätsprüfung für nicht realisierbar hielten. Zum einen aufgrund der Unterschiede im Geschmack je nach Brauer, vor allem aber wegen der Menge der Fässer des verschickten Bieres, bei dessen Probe die Probeherren »*leichte vom Rausch beschlichen und derogestalt zugerichtet werden, daß Kopf und Füße ihres Ampts vergessen*«.

Auch eine »*Qualitätsprobe*« war die sogenannte Mumme-Probe, allerdings anekdotischer Natur: Auf einen Stuhl oder Schemel wurde demnach etwas Mumme gegossen und verstrichen. Anschließend musste sich ein Probekandidat darauf setzen und sofort wieder aufstehen. Klebte die Sitzgelegenheit am Hintern des Kandidaten, galt die Mumme als von bester Qualität. Immerhin waren täglich zwischen 30 und 40 Fässer auf diese Weise zu prüfen.

Von Braunschweig nach Übersee – eine frühe Form der Globalisierung

Haben wir durch die verschiedenen Nachrichten und Auseinandersetzungen im Handel mit Mumme ersehen können, dass die weitaus meisten Länder in Nord- und Osteuropa als Absatzgebiete seit dem Nachmittelalter für die Mumme dienten, so reichten ihre Wege aber auch weit darüber hinaus. Gebhardis Gedicht sprach von Indien und Java, in Paul Jakob Marpergers Kauffmanns-Magazin wurde Batavia hervorgehoben, wo die Braunschweiger Mumme hoch im Kurs stehe. Aufgrund ihres hohen Alkohol- und Zuckergehaltes war die Mumme im Gegensatz zu den meisten Nahrungsmitteln in der Frühen Neuzeit über eine lange Dauer haltbar, so dass sie auch auf Segelschiffen über weite Entfernungen hinweg transportiert werden konnte. So wird berichtet, dass Mumme über Holland in »*absonderlich bereiteten*« Fässern, also wohl besonders stark eingebraut mit hohem Alkoholgehalt, bis »*in die Indien*« verschifft werde. Damit waren Ostindien (Vorder- und Hinterindien, Südsee u.a.) ebenso Adressaten der Braunschweiger Mumme wie Westindien (Westindische Inseln, Mittelamerika usw.), denn Mumme war das einzige Bier, das die Fahrt »*unter dem Aequatorem durch*« unbeschadet und weiterhin brauchbar überstand.

Innenansicht des Kniep'schen Hauses, Wandgemälde der „Mumme-Probe"

In Zedlers Universallexikon wird noch auf eine besondere Eigenschaft der Schiffsmumme hingewiesen: »*Dabey denn dieses das merckwürdigste, daß dergleichen nach Ost-Indien geführte Biere unter Weges etliche mahl sauer werden, sonderlich wenn sie die Aequinoctial-Linie passiren, in Ost-Indien aber ankommende, ihre völlige Süßigkeit und guten Geschmack wieder bekommen, eben, als wenn sie erst frisch gefasset worden; ja sie erlangen durch solche lange Reise und offtmahliger Veränderung, eine weit stärckere Hitze und bessern Geschmack, als sie zuvor niemahls gehabt.*« Mumme war aufgrund dieser Voraussetzungen ein wichtiges Begleitgut auf den Segelschiffen, auch für die Besatzungsmitglieder. Die lange Haltbarkeit und der hohe Nährwert machten sie zu einem wichtigen Bestandteil der Ernährung auf den langen Schiffsreisen, denn sie half Mangelerscheinungen wie z.B. Skorbut zu verhindern.

Die Braunschweiger Mumme war also das erste Produkt, das den Namen Braunschweig weltweit bekannt machte und damit ein Beitrag zur wirtschaftlichen Globalisierung war. Als in den 1990er Jahren der König des Südseereiches Tonga, Tupou IV., in Braunschweig zu Besuch war und bei einer Führung im Dom über die große Geschichte Braunschweigs im Mittelalter unterrichtet wurde, ließ er spontan verlauten, dass Braunschweig in der Zeit nach dem Mittelalter doch wesentlicher bedeutender gewesen sein müsste, denn damals wäre Braunschweig selbst in Tonga bekannt gewesen. In der Geschichte seines Landes kenne man nämlich die Braunschweiger Mumme, die schon die Holländer bei ihrer Entdeckung von Tonga auf ihren Schiffen mitgebracht hatten. Später wäre damit auch über Tonga hinaus gehandelt worden. Deshalb freue er sich in der Stadt zu sein, deren Name bereits früh in der neuzeitlichen Geschichte Tongas bekannt geworden sei. Diese Worte klangen wie Braunschweigs Beitrag zur Globalisierung in der Geschichte.

Zeit des Niedergangs

»*Die braunschweiger Mumme, ein sehr nahrhaftes, aber erhitzendes, syrupähnliches Bier, welches sonst weit und breit verschickt wurde, findet nur noch wenig Absatz*«, so berichtete 1827 der Hannoveraner Pfarrer Friedrich Wilhelm Dethmar in seinen »Vertrauten Briefen«. Ein deutliches Signal, dass der einst so berühmte Exportschlager Nr. 1 von Braunschweig im 19. Jahrhundert seine Bedeutung sichtbar eingebüßt hatte. Der Niedergang der Mumme hatte allerdings bereits in der Mitte des 18. Jahrhunderts verstärkt eingesetzt.

Die Gründe dafür waren vielfältig und sind nicht nur auf wirtschaftlichem Gebiet zu suchen. Kein Zufall aber war es, dass die Blütezeit des Mummeexports aus Braunschweig in jene Epoche der Stadtgeschichte fiel, in der Braunschweigs Rolle innerhalb der Hanse eine bedeutsame war. Mit dem Niedergang der Hanse setzte auch der Rückgang der wirtschaftlichen Bedeutung Braunschweigs ein. Fast zeitgleich mit dem offiziellen Ende der Hanse endete auch die weitgehende politische Selbstständigkeit der Stadt Braunschweig mit der Eroberung der Welfen unter Herzog Rudolf August im Jahr 1671. Zwar war man von Regierungsseite daran interessiert, die wirtschaftliche Lage Braunschweigs wieder zu verbessern, jedoch hatten der Fernhandel ebenso wie der Mummehandel längst ihre traditionelle Bedeutung verloren. Noch gab es damals in der Stadt Braunschweig offiziell 354 Brauer, jedoch dürften unter der Mehrzahl dieser Bierbrauer nur jene Bürger verstanden worden sein, die eine Brauberechtigung für ihr eigenes Grundstück besaßen und daher nur für den Hausgebrauch und die Nachbarschaft gebraut hatten. Neben 53 Braumeistern mit Brauerknecht wurden noch 13 »*Bierbrauer mit Handlung*« aufgeführt. Man nimmt an, dass nur diese das Recht zum eigentlichen Biervertrieb besaßen. Ihr Bier wurde aber wohl überwiegend für die 14 Gastwirte in der Stadt gebraut, so dass der Export wirtschaftlich keine Bedeutung mehr für Braunschweigs Handel besaß.

Selbst der Mummehandel, für dessen Wiedererstarken sich die Regierung unter Rudolf August, Anton Ulrich und August Wilhelm besonders eingesetzt hatte, verlor seit Mitte des 18. Jahrhunderts mehr und mehr an Bedeutung. Neue Biersorten, vor allem helles Bier, das aufgrund neuer Konservierungsmethoden nun auch länger haltbar war und den Leuten wesentlich besser schmeckte, fanden steigende Vorliebe bei den Abnehmern. Aber nicht nur das in der Stadt selbst gebraute Bier spielte eine Rolle, sondern vor allem die vermehrt zum Ausschank gekommenen fremden Biere. Diese konnten inzwischen bei allen Gastwirten ausgeschenkt werden und blieben nicht länger beschränkt auf die ursprünglich fünf städtischen Bierkeller.

Nicht unterschätzt werden darf aber auch die Tatsache, dass die auswärtige Konkurrenz zunehmend eigene Dunkelbiere herstellte und mit der Bezeichnung Mumme versah. Musste man sich am Ende des 17. Jahrhunderts »nur« gegen Gerüchte zur Wehr setzen, die Braunschweiger Mumme sei mit ungenießbaren obskuren Zusätzen versehen, so schadete zunehmend die teilweise schlechte Qualität der Nachahmerprodukte dem Ansehen der Mumme, und auch dies trug erheblich zum Rückgang der Nachfrage bei. Gegen diese üble Nachrede und Verfälschung der echten Braunschweiger Mumme setzte sich 1723 der erste Chronist der Mumme, Dr. med. Franz Ernst Brückmann, poetisch zur Wehr:

»Die Mumme scheu't sich nicht
sie will sich nicht verstecken
sie tritt ohn Masque hier der
Welt recht vors Gesicht
wer durchs Vergrößrungs-Glaß
will schauen ihre Flecken
beschaue sich vor erst
eh er das Urtheil spricht«.

Das Absinken in die wirtschaftliche Bedeutungslosigkeit war aber nicht mehr aufzuhalten und führte irgendwann im 18. Jahrhundert zu einer grundsätzlichen Veränderung des Produktes *»Braunschweiger Mumme«*. Das Starkbier wurde zum alkoholfreien Malzgetränk.

Dies musste wohl in den beiden letzten Jahrzehnten des 18. Jahrhunderts erfolgt sein, denn noch 1779 berichtete der Bruder des Dichters Jakob Lenz, Karl Heinrich Gottlob Lenz (1751 – 1792) in einem Brief über einen Braunschweigbesuch, bei dem sich der Bruder Jakob an der Doppel-Mumme berauscht hatte: »*In Braunschweig ließen es wir uns daher noch recht wohl seyn, so daß Jacob Lenz gar lüstern ward, die berühmte braunschweiger Mumme zu versuchen. Wir bekamen ein großes Glas starker Doppel-Mumme: er that einen herzhaften Schluck, legte sich aber auch sogleich quer übers Bette, weil – wie er sagte, die ganze Stube mit ihm herumginge; da er sonst ein erklärter Bierfeind war, so ist mir dieser Zug merkwürdig geblieben.*«

Es war dies eine Entscheidung, die zwar eine Erfolgsgeschichte des Braunschweiger Bieres seit dem Spätmittelalter beendete, jedoch keineswegs das Ende der Mumme bedeutete. Sicherlich wurde sie nun überwiegend zu einem lokalen Produkt, aber die Braunschweiger Mumme fand als alkoholfreies Getränk eine neue Bestimmung, und damit eröffnete sich ihr ein Weg in die Zukunft. In den Vordergrund trat nunmehr die medizinische Wirkung und ihre Bedeutung für die Gesundheit. In Anzeigen und Gutachten wurde Mumme als Stärkungs- und Kräftigungsmittel gepriesen, das besonders für

Die Geschichte der H. Nettelbeck KG

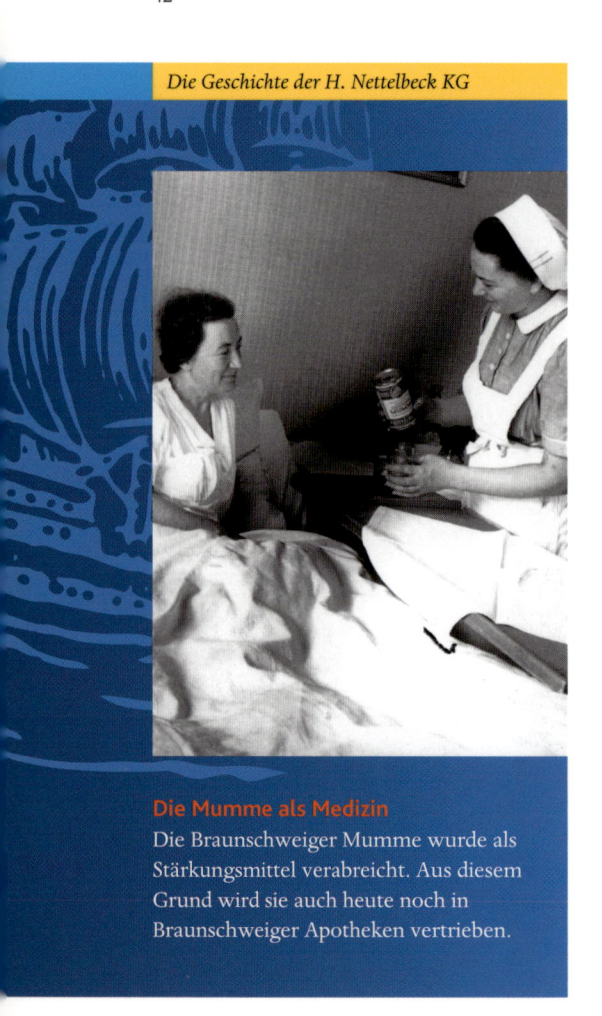

»Wöchnerinnen, schwächliche Personen, Lungenkranke und Rekonvaleszenten« geeignet sei. Der Überlieferung nach wurde Mumme besonders genutzt bei Koliken, Bauchschmerzen, Gicht und Zahnschmerzen. In zahlreichen Anzeigen wurde Mumme auch gepriesen gegen Husten, Katarrhe, Brustkrankheiten und Blutarmut.

Ob für Kinder oder die herzogliche Hofhaltung, die »neue Mumme« war sehr gefragt. Ihre Bedeutung für die körperliche Stärkung und günstige Wirkung für die Gesundheit wurde selbst in führenden Kreisen der Gesellschaft sehr geschätzt, wie zahlreiche Briefe und Dokumente belegen.

Das Braugewerbe im Umbruch

Als Folge der wirtschaftlichen Konsolidierung des Herzogtums Braunschweig unter Herzog Carl Wilhelm Ferdinand (1735 – 1806) mit der Förderung von Großbetrieben war auch das Braugewerbe in der Stadt Braunschweig zu Beginn des 19. Jahrhunderts auf einem guten Weg. Allerdings spielte die Mumme keine besondere Rolle mehr im Wirtschaftsleben der Stadt. Nach dem Ende des Königreichs Westphalen, als Braunschweig unter französischer Herrschaft stand, und nach den Wirren unter Herzog

Die Mumme als Medizin
Die Braunschweiger Mumme wurde als Stärkungsmittel verabreicht. Aus diesem Grund wird sie auch heute noch in Braunschweiger Apotheken vertrieben.

Karl II. setzte in der Frühphase der Industrialisierung wieder ein spürbarer Aufschwung von Handel und Gewerbe ein, allerdings verbunden mit deutlichen Konzentrationsbewegungen in der Wirtschaft. Dies wirkte sich auch im Braugewerbe deutlich aus. Gab es z. B. beim Regierungsantritt von Herzog Wilhelm (1806 – 1884) im Jahr 1831 noch mehr als 60 Brauereien, so sank diese Zahl bis zur Reichsgründung 1870/71 um mehr als die Hälfte, und im Laufe der folgenden Krisenjahre setzte sich der Konzentrationsprozess hin zu wenigen Großbrauereien fort.

1880 gab es nur noch 10 Brauereien in Braunschweig, von denen zwei Brauereien noch Mumme herstellten. Dies waren die Brauereien Franz Steger und die Brauerei Nettelbeck. Erstere hatte 1884 die Brauerei Wilhelm Kniep am Bäckerklint übernommen und damit ihren Sitz im sogenannten Mummehaus, das ursprünglich auch Kniepsches Haus genannt wurde. Dieses bedeutende Renaissancehaus war zwischen 1630 und 1660 erbaut worden und fiel 1944 den Luftangriffen zum Opfer, lediglich Teile des Renaissanceportals blieben erhalten. Steger nannte es die »*älteste Mummebrauerei*«, obwohl Mumme nur ein Teil der Produktion des Betriebes war. 1895 übernahmen Karl Pohl sen. und Otto Pohl jun. die Firma Steger, die schließlich 1927 in eine Aktiengesellschaft umgewandelt wurde. Im Jahre 1896 wurde das Brauhaus nach Braunschweig-Ölper verlegt, und im Zweiten Weltkrieg endete auch bei der Brauerei Steger die Mummeherstellung aufgrund von Rohstofflieferproblemen, insbesondere beim Malz. Die Brauerei schloss schließlich am 31. Januar 1954 endgültig ihre Pforten.

Die längste Tradition der Mummeherstellung wahrte die Brauerei H. Nettelbeck KG, deren Betrieb sich im Haus Beckenwerkerstraße 26 befand. 1907 wurde die Firma Nettelbeck in die H. Nettelbeck KG und H.C.F. Nettelbeck GmbH aufgeteilt. Die H.C.F. Nettelbeck GmbH blieb in der Beckenwerkerstraße 26, während sich die H. Nettelbeck KG in dem Haus „Zur Eule", Hintern Brüdern 18, ansiedelte. Im Hofbereich befand sich die Brauerei und im Vorderhaus neben der Hofeinfahrt ein kleines Ladengeschäft. Die H. Nettelbeck KG produzierte bis zur Kriegszerstörung des alten Brauhauses 1944 die Mumme und setzte nach einer kurzen Unterbrechung 1949 die Produktion in neuen Räumen in Braunschweig-Melverode fort. Inzwischen hatte der Inhaber des Braunschweiger Lotterievertriebes, Leo Basilius, von den Erben Nettelbeck das Mummerezept übernommen und produzierte die

Die Geschichte der H. Nettelbeck KG

Werbliche Auftritte der H. Nettelbeck KG

Werbeaufbau (1956) mit historischem Schiffsmodell aus dem Jahre 1897

Werbeslogan ab 1950

traditionsreiche Mumme weiter. Nach genau 600 Jahren aber schien das endgültige Aus für Braunschweiger Mumme gekommen zu sein. Bei einer staatlichen Untersuchung wurde ein zu hoher Eisengehalt in der Mumme festgestellt, dessen Ursache im Alter des Braukessels vermutet wurde. Bei einer jährlichen Produktion von etwa 30.000 Dosen Mumme schien allerdings eine Neueinrichtung nicht mehr wirtschaftlich rentabel, so dass die Mummeherstellung nach 600 Jahren beendet wurde.

Allerdings nur vorübergehend, denn 1996 entschied man sich doch wieder für eine Fortsetzung der Produktion. Obwohl diese heute in Mülheim an der Ruhr erfolgt und die Mumme im Gegensatz zu ihrem Ursprung in Fässern nach Braunschweig transportiert und hier in Dosen abgefüllt wird – Braunschweigs Mumme-Tradition lebt weiter, und zwar seit 2008 auch wieder in einer alkoholhaltigen Variante. Die Anwendung der nichtalkoholischen Mumme als Zusatz in Speisen und Getränken ist vielfältig und findet immer mehr Liebhaber und Ideengeber für ihre Verwendung.

Ob Mumme oder Mumme-Bier, Braunschweig und die Braunschweiger haben »ihre« Mumme wiederentdeckt. Seit der 1. Braunschweiger Mumme-Meile 2006 setzte eine echte Renaissance der Mumme in Braunschweig und weit darüber hinaus ein. Vielleicht entdecken eines Tages auch wieder Küchenchefs auf den Kreuzfahrtschiffen, wie geeignet die »*Braunschweiger doppelte Segelschiff-Mumme*« zur Verfeinerung der reichhaltigen Speisen für die überraschungssüchtigen Kreuzfahrtgäste ist. Dann geht die Braunschweiger Mumme erneut im Zeichen der Globalisierung auf große Fahrt rund um den Globus »*unter dem Aequatorem durch*«.

NUR ECHT MIT DIESEM WARENZEICHEN
BRAUNSCHWEIGER
doppelte
SEGELSCHIFF-
MUMME
Pasteurisiert

Rezepte

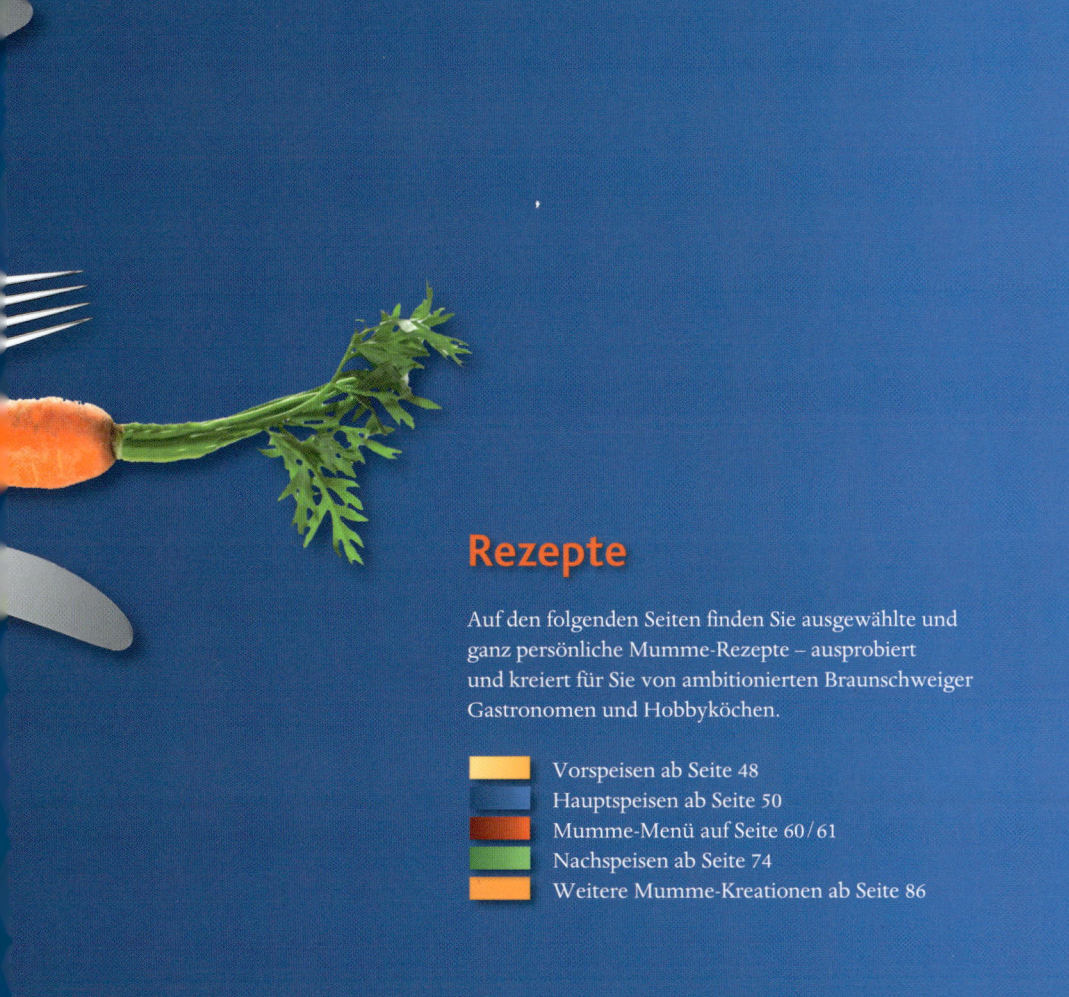

Auf den folgenden Seiten finden Sie ausgewählte und ganz persönliche Mumme-Rezepte – ausprobiert und kreiert für Sie von ambitionierten Braunschweiger Gastronomen und Hobbyköchen.

- Vorspeisen ab Seite 48
- Hauptspeisen ab Seite 50
- Mumme-Menü auf Seite 60/61
- Nachspeisen ab Seite 74
- Weitere Mumme-Kreationen ab Seite 86

Mumme-Schaum-Süppchen mit Rehfiletstreifen

Von Eva Doberstein

Vorspeise für 4 Personen

Zubereitung:

Mehl in Butter anschwitzen und mit 125 ml Mumme ablöschen. Mit Wacholderbeeren, Salz, Pfeffer und Thymian würzen. Crème Fraîche unterziehen. Rehfilet in feine Streifen schneiden und kurz anbraten. Über die Suppe geben und mit einem frischen Thymian-Zweig garnieren.

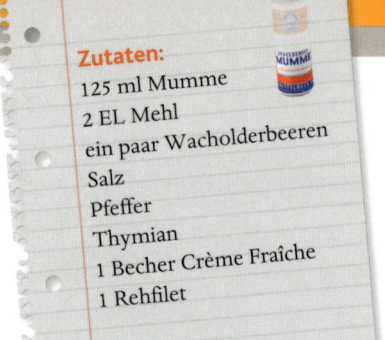

Zutaten:

125 ml Mumme
2 EL Mehl
ein paar Wacholderbeeren
Salz
Pfeffer
Thymian
1 Becher Crème Fraîche
1 Rehfilet

Mumme-Vinaigrette

Von Solveig Basilius

Vorspeise

Zutaten:
100 ml Mumme
50 ml Wasser
1 EL süßer Senf
3 EL Weißweinessig
50 ml Öl
Salz
Pfeffer

Zubereitung:
Alle Zutaten vermengen und mit einem Mixstab aufschlagen.

Schweinefilet in Mummesauce

Von Solveig Basilius

Hauptspeise für 3 bis 4 Personen

Zutaten:
250 ml Mumme
1 Schweinefilet
6 Streifen Speck
1 Schalotten fein gehackt
1 kleine Knoblauchzehe fein gehackt
125 ml Brühe
150 ml Sahne
Salz und Pfeffer
Öl zum Anbraten
1 gehäufter TL Speisestärke

Zubereitung:
Das vorbereitete Schweinefilet leicht salzen und pfeffern, mit Speckstreifen umwickeln und mit Garn festbinden. Filet in wenig Öl von allen Seiten scharf anbraten. Schalotten und Knoblauchzehe dazugeben und kurz mitbraten. Anschließend mit Brühe und Mumme ablöschen. Zugedeckt ca. 10 Min. bei mittlerer Hitze schmoren. Filet herausnehmen und warmstellen. Die Sauce durch ein Sieb passieren und erhitzen. Die Speisestärke mit etwas Wasser glattrühren und die Sauce damit binden.

Kasseler-Mumme-Braten

Von Ulrike Basilius-Stobbe

Hauptspeise für 4 Personen

Zubereitung:

Kasseler von allen Seiten in Fett anbraten. Die klein-gehackten Zwiebeln und gewürfelte Möhre hinzufügen und alles nochmals gut anbraten. Die Mumme über den Braten gießen und kurz brutzeln lassen. Anschließend den Braten mit 1 – 2 Tassen Wasser ablöschen und zugedeckt bei kleiner Hitze ca. 30 Min. köcheln lassen. Als Beilage eignen sich Sauerkraut mit Ananasstücken sowie Speckknödel.

Zutaten:
- 125 ml Mumme
- 1 Kasseler (Nacken oder Kotelett)
- 2 mittelgroße Zwiebeln
- 1 Möhre

Der Mumme-Wirt

Von Andreas Beinhorn

Ich bin gebürtiger Göttinger und habe auf der ersten Braunschweiger Mumme-Meile zum allerersten Mal von diesem Malzgebräu gehört und dieses sogleich probiert. Ich war sofort begeistert! Als Schausteller und flexibler Geschäftsmann fand ich es schade, dass die Braunschweiger Mumme nicht auf dem traditionellen Braunschweiger Weihnachtsmarkt vertreten ist. Ein Stand, der in seiner Aufmachung genauso historisch ist wie dieses herrliche Gebräu, das wäre genau das Richtige, dachten meine Frau und ich.

Tolle Ideen und Rezepte gingen uns durch den Kopf, und so konzipierten wir ein tolles Geschäft in historischem Ambiente, mit leckeren Köstlichkeiten rund um die Mumme und mittlerweile gar nicht mehr wegzudenken, unsere leckeren Spanferkelbrötchen mit Mumme-Kruste. Die Braunschweiger und die Besucher des Braunschweiger Weihnachtsmarktes sind von unserer „Mumme-Hütte" genauso begeistert wie wir selbst, so dass wir gleich im ersten Jahr den 1. Preis für den schönsten Stand und im Jahr darauf den zweiten Preis bekommen haben.

Wir möchten unseren Besuchern tagtäglich etwas Besonderes bieten, und so gehört für uns als Schausteller immer ein wenig „Showspektakel" zum Geschäft. Dies tun wir mit viel Freude auf unsere eigene originelle Art und Weise. Übrigens: mein absolutes Lieblingsrezept sind die Kohlrouladen mit Mummesauce!

Ihr Andreas Beinhorn
Der Mumme-Wirt aus Leidenschaft

Mumme-Kohlrouladen
Von Andreas Beinhorn

Hauptspeise für 6 Personen

Zubereitung:
Kohl halbieren und den Strunk entfernen. Danach den Kohl in Salz und Kümmelwasser weichkochen. Thüringer Mett mit Eiern, Paniermehl, 2 TL Mumme und Pfeffer mischen und zu 6 Klopsen formen. Den Kohl aus dem Wasser nehmen und den Sud aufbewahren. Nach dem Auskühlen der Kohlblätter 6 Nester aus Kohl mit Mettklopsen füllen und mit Zwirn umwickeln. Kohlrouladen ringsum in Palmin goldbraun anbraten. Die angebratenen Kohlrouladen wieder in den Kochsud legen und mit Wasser bedecken. Mit Fondor, gekörnter Brühe, 2 TL Mumme sowie etwas Pfeffer würzen und ca. 30 Min. kochen lassen. Kohlrouladen wieder aus der Sauce nehmen, die Sauce mit Mehl und Wasser andicken, abschmecken und evtl. nachwürzen, ca. 1 TL Zuckercouleur einrühren und mit Salzkartoffeln servieren.

Zutaten:
- 4 TL Mumme
- 2 Weißkohl
- 1 kg Thüringer Mett
- 2 EL Kümmel
- 2 TL Fondor
- 2 TL gekörnte Brühe
- 3 Eier
- Salz und etwas Pfeffer
- 1 – 2 Tassen Paniermehl
- ca. 3 EL Mehl zum Andicken der Sauce
- 125 ml Wasser
- 1 TL Zuckercouleur
- Palmin
- Zwirnsfaden

Mumme-Gulasch Braunschweiger Art

Von Christian Basilius

Hauptspeise für 6 Personen

Zubereitung:

Gulasch portionsweise scharf anbraten und aus dem Topf nehmen. Gewürfelte Zwiebeln glasig schmoren. Fleisch hinzugeben und mit Wasser ablöschen. Nelken, Lorbeerblätter und Brühe hinzugeben und mit der Mumme angießen. Ca. 2 Stunden auf kleiner Flamme schmoren lassen. Zwischendurch etwas Essig und Zucker dazugeben und mit Salz und Pfeffer abschmecken.

Zutaten:

- 250 ml Mumme
- 1 kg Rindergulasch
- 2 Zwiebeln
- 2 Lorbeerblätter
- 3 Nelken
- 1 Tasse Wasser
- 80 – 160 ml Essig
- 2 – 4 EL Zucker
- 1 ½ TL Brühe
- Salz und Pfeffer

Mumme-Rotkohlrouladen

Von Ingrid Hoppenbrink

Hauptspeise für 4 Personen

Zubereitung:

Hackfleischteig aus Blockmett, 1 Zwiebel, Brötchen, Ei, Salz und Pfeffer herstellen und auf den Rotkohlblättern verteilen. 4 Rouladen aufrollen und mit einem Faden zusammenbinden. Fett erhitzen und Rouladen anbraten. Speck würfeln und ebenfalls anbraten. Zwiebel, Apfel, Lorbeerblatt, Nelken, Pfeffer, Salz und Zucker hinzugeben und mit der Mumme ablöschen. Wasser hinzugeben und ca. 60 – 75 Min. schmoren. Rouladen herausnehmen, Saucenfond durch ein Sieb geben, mit Mehl und Wasser binden und mit Johannisbeergelee, Sahne, Salz und Pfeffer abschmecken. Sauce über die Rouladen gießen.

Zutaten:
- 250 ml Mumme
- 8 große Rotkohlblätter, vorbereitet
- 375 g Blockmett
- 2 Zwiebeln
- 1 Brötchen, eingeweicht
- 1 Ei
- 50 g durchwachsener Speck
- 50 g Fett
- 1 Apfel
- 1 Lorbeerblatt
- Nelken
- Zucker
- 250 ml Wasser
- Mehl
- Johannisbeergelee
- 50 ml Sahne
- Salz und Pfeffer
- Zwirnsfaden

Braten mit Mumme-Pflaumen-Sauce

Von Solveig Basilius

Hauptspeise für 6 Personen

Zutaten:
- 250 ml Mumme
- 1 kg Puten- oder Schweinebraten
- 250 g getrocknete Pflaumen
- 250 ml Wasser
- ½ Glas mittelscharfer Senf
- 1 Bund Suppengrün
- 1 große Zwiebel
- 2 TL Brühe
- 1 EL Honig
- 2 Lorbeerblätter
- Schwarzer Pfeffer

Zubereitung:
Das Fleisch in einem Bräter von allen Seiten scharf anbraten und herausnehmen. Suppengrün und Zwiebeln grob würfeln, im Bräter anschmoren und mit dem Wasser ablöschen. Pflaumen halbieren und mit den restlichen Zutaten dazugeben, danach mit der Mumme angießen. Fleisch in den Bräter geben und bei 200°C (Umluft 180°C) ca. 1 ½ Std. schmoren. Das Fleisch zeitweilig mit dem Sud begießen. Gemüse und Pflaumen herausnehmen, die Sauce je nach Geschmack evtl. noch mit Saucenbinder oder Stärkewasser abbinden.

Das Mumme-Brot

Von Karsten Tutschek

**Bäcker Innung Braunschweig
1999 bis 2009 – 10 Jahre Mumme-Brot**

Bereits 1998 hatte unser Mitglied Karsten Tutschek die Idee, ein urtypisches Brot mit Zutaten aus der Region zu backen. So wurden diese Gedanken schnell umgesetzt und im Jahr 1999 die ersten Brotproben mit der „Original Nettelbeckschen – doppelten – Segelschiff Mumme" gebacken. Gemeinsam mit der Stadt Braunschweig präsentierten beide Firmen das Brot und die Mumme auf der Harz und Heide-Ausstellung 2000. In einem Holzbackofen wurde gebacken, dazu gab es frisch gezapftes Mumme-Bier.

So begannen auch andere Firmen der Bäcker Innung diese Brote zu verkaufen. Heute ist es in Braunschweig zu einer bekannten traditionellen Brotsorte geworden und in vielen Bäckereien erhältlich.

Glasierte Mumme-Ente

Von Solveig Basilius

Hauptspeise für 4 Personen

Zutaten:
75 ml Mumme
1 Ente (ca. 2 ½ kg)
250 g Suppengrün
2 kleine Zwiebeln
600 g Hähnchenflügel
800 ml Geflügelfond
1 EL Speisestärke
Salz und grober Pfeffer

Zubereitung:
Die Ente zuerst an den Keulen, dann an den Flügeln mit Küchengarn zusammenbinden und salzen. Auf eine Fettpfanne legen und im vorgeheizten Backofen bei 180° C (Umluft 160°C) 2 Std. braten, dabei mehrere Male mit dem Bratensaft begießen. Suppengrün und Zwiebeln grob würfeln. Hähnchenflügel zusammen mit dem Gemüse in einem Topf stark rösten. Mit Geflügelfond ablöschen, salzen und ca. 1. Std. bei schwacher Hitze einkochen lassen. Sauce durch ein Sieb geben. Stärke mit etwas Wasser glattrühren und die Sauce damit binden. Mumme mit dem Pfeffer würzen und die Ente 10 Min. vor Ende der Garzeit damit bepinseln.

Braunkohl mit Mumme
Von Andreas Weichelt

Hauptspeise für 4 Personen

Zubereitung:

Den Braunkohl sorgfältig waschen und evtl. nachrupfen. Dann mit kochendem Wasser überwellen und gut abtropfen lassen. In der Zwischenzeit die Gemüsezwiebel in feine Würfel schneiden und mit Schmalz anschwitzen. Den Braunkohl dazugeben und mit Wasser angießen. Das Ganze bei schwacher Hitze ca. 3 Std. köcheln lassen. Mit Salz, einer Prise Muskat und ein wenig Zucker würzen, abschließend mit einem Löffel Senf und der Mumme abschmecken. Vielerorts wird zusätzlich gepökeltes Bauchfleisch oder Kasseler mitgekocht. Serviert wird das Ganze mit einer Bregenwurst (frisch oder geräuchert) und Salzkartoffeln. Dazu ein leckeres Bier – Guten Appetit wünscht Weichelts Wurstwaren!

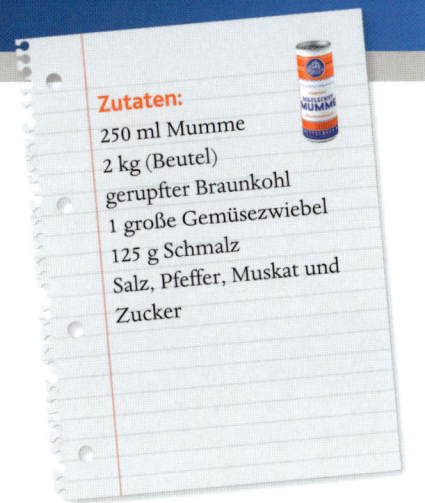

Zutaten:
- 250 ml Mumme
- 2 kg (Beutel) gerupfter Braunkohl
- 1 große Gemüsezwiebel
- 125 g Schmalz
- Salz, Pfeffer, Muskat und Zucker

Das Mumme-Menü

Von Axel Uhde

Menü für 4 Personen

Kürbissuppe mit Mummeschuss

Zubereitung:

Den Hokkaidokürbis kräftig abspülen und in den noch kalten Backofen legen. Die Temperatur auf 175° C (Umluft 155° C) stellen, nach ca. 45 Min. den Kürbis zur Probe anstechen. Sobald das Schälmesser leicht in die Frucht gleitet, den Kürbis aus dem Ofen nehmen. Etwas abkühlen lassen. Den Kürbis in Viertel teilen und die Kerne mit einem Löffel herausnehmen. Anschließend in Würfel schneiden, die Chilischote putzen, hacken und unter den Kürbis mischen.

Zutaten:
- 250 ml Mumme
- 1 Hokkaidokürbis (15 cm Durchmesser)
- 1 Becher Schmand
- 1 Stück Ingwerwurzel (ca. 6 cm lang)
- 500 ml Gemüsebrühe
- 1 Bund Petersilie
- 1 Chilischote
- 3 Schalotten
- 100 g Kürbiskerne
- Butter
- Zucker
- Salz
- Chilipulver

In einem Topf die gehackten Schalotten bei milder Hitze in Butter anschwitzen, den Ingwer putzen, hacken und dazugeben. Nach 5 Min. die Gemüsebrühe hinzufügen und kurz aufkochen, nun den Kürbis mit der Chilischote in den Topf geben und mit einem Pürierstab oder Mixer glattziehen. Sollte die Masse zu fest werden, noch etwas Brühe dazugeben. Kurz vor dem Servieren die Suppe erhitzen und gehackte Petersilie und Schmand unterziehen. Mit einem kräftigen Schuss Mumme abschmecken und mit den kandierten Kürbiskernen bestreuen.

Nudeln mit Pfifferlingen und Mumme-Sahnesauce

Zubereitung:

Die Pfifferlinge putzen, waschen und abtropfen lassen. Die Schalotten hacken, mit zerdrücktem Knoblauch (zwei bis drei Zehen) und Sonnenblumenöl bei kleiner Hitze in die Pfanne geben, nach fünf Minuten die Pfifferlinge dazufügen, kurz anbraten lassen und mit der Brühe übergießen. Die geschnittenen, getrockneten Tomaten und die Schlagsahne dazugeben und alles verrühren. Warmhalten und gelegentlich durchheben, dann kurz vor dem Servieren die Mumme einrühren (Dosieren nach Geschmack). Die Nudeln in sprudelndem Salzwasser kochen, anschließend abgießen und etwas Öl darunterziehen. Die Nudeln auf dem Teller anrichten, die Mumme-Pfifferlingmischung daraufsetzen und mit geriebenem Gouda und gehackter Petersilie sowie Basilikum bestreuen. Hierzu gebratenes Rindersteak oder in der Pfanne gegartes Zanderfilet reichen.

Zutaten:
- 250 ml Mumme
- 600 g Pfifferlinge
- 500 g Nudeln (Rigatoni oder Penne)
- 250 ml Gemüsebrühe
- 1 Becher Schlagsahne
- Petersilie
- 4 Schalotten
- Pfeffer
- Salz
- Basilikum
- 5 oder 6 getrocknete Tomaten
- Knoblauch
- Sonnenblumenöl
- 100 g alter Gouda

Kandierte Kürbiskerne

20 g Butter in der Pfanne zerlassen und ca. 30 g Zucker und eine Prise Salz dazugeben. Sobald der Zucker flüssig ist, die Masse mit einem Holzlöffel durchrühren, die Kürbiskerne und ca. 5 cl Mumme dazugeben. Die Pfanne von der Platte nehmen und weiterhin rühren, bis die Kerne glänzend überzogen sind. Nun noch eine Prise Chilipulver dazu geben und immer noch rühren, bis die Kerne nicht mehr kleben.

Schweinerücken in Mumme-Altbiersauce

Von Rosemarie Schreiber

Hauptspeise für 4 Personen

Zutaten:

- 250 – 375 ml Mumme
- ca. 600 – 800 g Schweinerücken
- Öl zum Anbraten
- ½ TL Kümmel
- 1 Knoblauchzehe
- 2 Zwiebeln
- 2 Möhren
- 100 g Sellerieknolle
- 1 Flasche Altbier
- Salz und Pfeffer

Zubereitung:

Den ausgelösten Schweinerücken mit Salz, Pfeffer und zerstoßenem Kümmel würzen. Möhren und Sellerie kleinschneiden, Zwiebeln und Knoblauch fein würfeln.
Öl in einen Bräter geben und Fleisch darin von allen Seiten anbraten. Möhren, Sellerie, Zwiebeln und Knoblauch dazugeben und kurz schmoren lassen.
Mit einer Tasse Wasser ablöschen. Zugedeckt bei 200° C (Umluft 180° C) in den vorgeheizten Backofen geben und je nach Größe ca. 50 – 60 Min. schmoren lassen. Dabei im Wechsel mit Altbier und Mumme begießen. Fleisch herausnehmen und warmstellen. Die Sauce durch ein Sieb streichen und ggf. bis zur gewünschten Konsistenz binden. Mit Salz und Pfeffer abschmecken.

Mumme-Fleisch & Mumme-Wurst

*Von der Fleischerinnung Braunschweig,
Obermeister Jens Neubauer*

Viele Fleischereien der Braunschweiger Innung halten eine Anzahl von Mumme-Fleisch und Mumme-Wurstprodukten für ihre Kunden bereit. Hierbei ist den Fleischermeistern die Erhaltung des traditionellen Handwerks sehr wichtig. Viele arbeiten nach alten überlieferten Rezepten mit Naturgewürzen. Hier schmeckt die Wurst noch wie früher. Die Mumme in Fleisch- und Wurstprodukten mit zu verarbeiten fand ihren Anfang als man auf der Braunschweiger Mumme-Meile den Besuchern etwas ganz Besonderes anbieten wollte. Dann wurde in den Küchen der Fleischereien ausprobiert und heraus kam zum Beispiel der herzhafte Braunschweiger Mumme-Braten. Das ist ein deftiger Schweinebraten mit einer knackigen Mumme-Kruste, der sowohl im Verkauf als auch im Partyservice einiger Braunschweiger Fleischereien angeboten wird. In den Fachgeschäften der Fleischerei Neubauer ist auch das Braunschweiger Mumme-Gulasch sehr beliebt. Es ist fix und fertig mariniert und braucht nur noch kräftig angebraten und geschmort werden. Aber auch mit Mumme verfeinerte Wurstwaren bietet der Fleischermeister Jens Neubauer an. Er verbindet traditionelle Wurstproduktion mit pfiffigen neuen Ideen. Jeden Tag wollen er und sein Team die Kunden aufs Neue begeistern. So ist unter anderem bei ihm die mittelfeine Braunschweiger Mumme-Leberwurst, die mit erlesenen Kräutern und einem Schuss Mumme verfeinert ist, entstanden. Das Braunschweiger Mumme-Frühstück und die original Braunschweiger Mettwurst mit Mumme sind weit über die Stadtgrenzen von Braunschweig bekannt. Längst hat die Mumme in den Braunschweiger Wurstküchen ihren festen Platz eingenommen und ist nicht mehr weg zu denken. Das bestätigen die zufriedenen Kunden der Fleischereien durch den treuen Kauf dieser innovativen Produkte.

Mumme-Sparerips

Von Rosemarie Schreiber

Hauptspeise für ca. 6 Personen

Zutaten:

- 125 ml Mumme
- 2 kg Schweinerippchen
- 2 Zwiebeln
- 2 Knoblauchzehen
- Öl zum Andünsten
- 150 g Tomatenmark
- 4 – 6 EL Essig
- Salz
- 1 TL Basilikum
- 1 TL Thymian
- 1 TL Senfpulver (gemahlene Senfkörner)
- 1 TL Sambal Oelek
- ½ TL Tabasco
- 4 EL Worcestersauce
- 250 ml Rinderbrühe
- 100 g Honig

Zubereitung:

Die vorbereiteten Schweinerippchen in eine Fettpfanne legen. Zwiebeln und Knoblauch feinhacken und in Öl glasig dünsten. Tomatenmark, Essig, Gewürze, Brühe und Honig unterrühren. Etwa 10 Min. unter Rühren kochen lassen, nach und nach die Mumme dazugeben. Die fertige Sauce über die Rippchen geben und bei ca. 175° C (Umluft 155° C) im vorgeheizten Backofen 50 – 60 Min. schmoren. Die Rippchen eignen sich natürlich auch hervorragend für die Zubereitung auf dem Grill. Hierzu werden die Rippchen von beiden Seiten mit der Sauce bestrichen und auf den Grillrost gegeben. Während des Garens wiederholt mit der Sauce bestreichen.

Mumme-Turkeybraten

Von Peter Schwalm

Hauptspeise für 4 Personen

Zutaten:
100 ml Mumme
1 kg Putenbraten
Fett zum Anbraten
1 Zwiebel
1 Möhre
100 g Sellerie
Salz und Pfeffer
4 EL Mumme-Senf
200 ml Gemüsebrühe

Zubereitung:
Den Braten salzen, pfeffern und mit Mumme-Senf einreiben. Den Putenbraten in einem Bräter von beiden Seiten gut anbraten. In der Zwischenzeit Zwiebeln, Sellerie und Möhre putzen und würfeln. Den Putenbraten aus dem Bräter nehmen und in Alufolie einwickeln. Das Gemüse im Bräter anbraten und nach 5 Min. mit der Mumme angießen und unter Rühren 2 Min. schmoren. Danach mit Gemüsebrühe ablöschen, den Putenbraten mit in den Bräter geben und ca. 45 Min. im geschlossenen Bräter bei 160° C (Umluft 140° C) im Backofen braten. Nach der angegebenen Zeit den Putenbraten aus dem Bräter nehmen und warmstellen. Das Gemüse pürieren und mit Salz, Pfeffer und Mummesenf abschmecken und als Sauce servieren. Dazu passen sehr gut Salzkartoffeln und Speckbohnen.

Lammstelze mit Mumme-Jus, Hokkaido-Kürbis – Pastinake Gemüse und Knoblauch-Kartoffelpüree

Von Michael Baricaua

Hauptspeise für 4 Personen

Zutaten:

- 5 EL Mumme
- 4 Lammhinterhaxen
- 200 ml Kalbsfond,
- 1 Gemüsezwiebel (ca. 300 g)
- 6 Knoblauchzehen
- 1 Sellerie
- 4 mittelgroße Karotten
- 1 EL Tomatenmark
- 1 Bund Thymian
- 1 EL Quatre-épices
- 200 ml Rotwein
- 6 EL Pflanzenöl
- 1 TL Koriandersamen
- Prise Puderzucker
- 500 g mehlige Kartoffeln
- 150 g Butter
- 200 ml Milch
- Salz, Pfeffer, Muskat
- 1 Hokkaido-Kürbis (ca. 800 g)
- ca. 500 g Pastinake

Zubereitung:

Lammstelzen von Haut und Sehnen befreien. Die Hälfte des Pflanzenöls in einem großen Bräter erhitzen, die Lammstelzen von allen Seiten scharf anbraten. Herausnehmen, mit Salz, Pfeffer und Quatre-épices würzen. Zwiebeln, Knoblauch, Sellerie und Karotten grob würfeln und mit dem restlichen Pflanzenöl anbraten. Mit Puderzucker bestäuben (damit das Gemüse karamellisiert). Tomatenmark, Thymian und Koriandersamen dazugeben und kurz mitrösten. Mit Rotwein ablöschen und kurz einkochen lassen. 200 ml Kalbsfond und die Stelzen wieder hinzugeben und im Ofen bei 140° C (Umluft 120° C) ca. 2 Std. schmoren. Das Fleisch herausnehmen und warmstellen. Die Sauce durch ein Haarsieb passieren, 5 EL Mumme hinzugeben und etwas einreduzieren. Mit Salz und Pfeffer abschmecken.

Mumme-Pfeffertopf

Von Christian Basilius

Hauptspeise für 4 Personen

Zutaten:
- 250 ml Mumme
- 600 g Rindfleischgulasch
- 200 g Zwiebeln
- 2 rote Paprikaschoten
- 1 Packung passierte Tomaten
- 2 Pfefferschoten
- 2 Knoblauchzehen
- ½ Dose Mais, 250 ml Wasser
- Salz, Paprikapulver (edelsüß)

Zubereitung:

Fleisch in heißem Öl scharf anbraten. Zwiebeln dazugeben und glasig schmoren. Paprikaschoten kleinwürfeln und mit den gepressten Knoblauchzehen dazugeben. Mit Paprikapulver überstäuben und mit den passierten Tomaten ablöschen. Pfefferschoten entkernen und unzerkleinert dazugeben. Mumme und Wasser angießen. Ca. 1 ½ Std. auf kleiner Flamme schmoren lassen. Zum Schluss den Mais dazugeben und heiß werden lassen. Evtl. noch einmal abschmecken.

Für das Kartoffelpüree die Kartoffeln schälen, würfeln und mit reichlich Salzwasser kochen, danach abgießen und durch eine Kartoffelpresse drücken. Anschließend die Butter einarbeiten. Im Topf erwärmen und mit lauwarmer Milch auf die gewünschte Konsistenz bringen. Mit Salz, Pfeffer und Muskat abschmecken. Knoblauch in feine Scheiben schneiden. Zwiebel in feine Streifen schneiden. Mit zwei EL Pflanzenöl in einer Pfanne goldgelb anschwitzen. Beim Anrichten jeweils einen Löffel davon auf das Kartoffelpüree geben.

Hokkaido-Kürbis waschen, halbieren und das Kerngehäuse herausschaben. In kleine Würfel schneiden. (Hokkaido-Kürbis muss nicht geschält werden, denn die Schale wird ebenso schnell gar wie die Frucht). Pastinake schälen und in kleine Würfel schneiden. Kürbis und Pastinake kurz abblanchieren. In Eiswasser abschrecken. Vor dem Anrichten in einer Pfanne mit einem EL Pflanzenöl kurz anbraten. Mit Salz, Pfeffer und Muskat abschmecken.

Original Volkswagen Currywurst-Schaschlik mit Curry-Mumme-Sauce

Von Volkswagen ServiceFactory Gastronomie Braunschweig

Hauptspeise für 4 Personen

Zutaten:

250 ml Mumme
4 Volkswagen-Currywürste
1 Gemüsezwiebel
2 Paprika
200 g Mais
1 Flasche Volkswagen-Gewürzketchup
Gewürze nach Geschmack
Salz, Pfeffer, Curry
Paprikapulver und Zucker
frisch gehackter Knoblauch
Öl
8 Schaschlikspieße

Zubereitung:

Die Currywürste in 1-1,5 cm dicke Scheiben schneiden, danach die Paprika waschen, entkernen und in Stücke schneiden. ½ Gemüsezwiebel in Stücke, die andere Hälfte in kleine Würfel schneiden und alles im Wechsel aufspießen. Unter ständigem Wenden werden die Spieße dann im heißen Öl gebraten.

Zuerst die Zwiebelwürfel anschwitzen, Paprikawürfel und Mais hinzufügen, anschließend mit Mumme ablöschen und den VW-Curryketchup dazugeben. Nach Belieben mit Gewürzen abschmecken.

Gebackene Mumme-Honig-Ente an Semmelknödel und Zucchini-Balsamico-Gemüse

Von Sven Siegmund

Hauptspeise für 4 Personen

Zubereitung:

Gebackene Mumme-Honig-Ente

Enten waschen, trocknen und mit der Marinade von innen und von außen bestreichen, anschließend mit dem Hinterteil auf ein längliches feuerfestes Gefäß mit der Mumme setzen und im vorgeheizten Backofen bei 180° C (Umluft 160° C) ca. 40 Min. stehend knusprig backen.

Semmelknödel

Weißbrot in kleine Würfel schneiden, davon 100 g in Butter hellbraun rösten und wieder den anderen Würfeln beimengen. Dann in eine Schüssel geben, mit der erwärmten Milch übergießen und ca. 30 Min. zum Weichen beiseite stellen. Danach die zerklopften Eier und alle anderen Zutaten untermischen, mit Petersilie, Salz und Muskat abschmecken und alles 30 – 40 Min. ruhen lassen. Nun aus der Masse Knödel der gewünschten Größe abdrehen, in sprudelnd kochendes Salzwasser legen und garen.

Zutaten:
2 Enten (Stück ca. 240-280 g)
Eine Marinade aus folgenden Zutaten fertigen:
50 ml Mumme
4 EL Olivenöl
4 EL Blütenhonig
1 gepresste Knoblauchzehe
1 TL Salz, etwas Pfeffer
1 TL Paprikapulver
1 Zweig Rosmarin
1 Zweig Thymian fein gehackt
Semmelknödel
450 g Weißbrot
50 g Butter
75 g Mehl
125 g angeschwitzte Zwiebelwürfel
450 ml Milch
4 Eier

Zucchini-Balsamico-Gemüse

Zucchini waschen, in feine Scheiben schneiden und in einer Pfanne scharf anschwitzen. Anschließend mit 2 ml weißem Balsamicoessig ablöschen.

Mumme-Pralinen

Von Annette Engelhardt
PAPYRUS

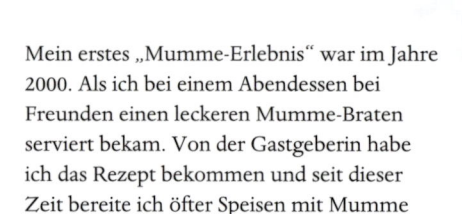

Mein erstes „Mumme-Erlebnis" war im Jahre 2000. Als ich bei einem Abendessen bei Freunden einen leckeren Mumme-Braten serviert bekam. Von der Gastgeberin habe ich das Rezept bekommen und seit dieser Zeit bereite ich öfter Speisen mit Mumme zu.

Da in meiner Küche die Mumme inzwischen einen festen Stammplatz hat, kam ich 2004 nach einem Fernsehbericht über außergewöhnliche Schokoladenkreationen auf die Idee, eine Praline mit Mumme herzustellen. Nach mehrmaligen Versuchen ist diese Kreation gelungen. Die Mumme-Praline für Naschkatzen und Liebhaber der Mumme gibt es von September bis Ostern. Ihr malziger Geschmack harmoniert wunderbar mit der dunklen Schokoladenhülle. Wir bieten diese in einer Schmuckverpackung an.

Zusätzlich zu dieser Spezialität bieten wir folgende neue Mumme-Kreationen, wie z.B. die Mumme-Kekse (mit Nüssen und ohne Nüsse), die Mumme-Apfel-Marmelade und den Mumme-Likör an. Unsere hauseigene Druckerei Pinnecke & Engelhardt GmbH unterstützt uns mit dem Druck von Etiketten und der Herstellung von Verpackungen.

Pochiertes Fischfilet mit Mumme

Von Hannelore Warnke

Hauptspeise für 6 Personen

Zutaten:
500 ml Mumme
1 ½ kg Rotbarschfilet
750 ml Wasser
4 Wacholderbeeren
½ EL Senfkörner
2 Lorbeerblätter
Schale und Saft einer Zitrone (unbehandelt)
250 g Schwarzbrot
4 EL eiskalte Butter
Salz, Pfeffer, Senf
2 EL gehackte Petersilie
Kartoffeln

Zutaten für den frischen Salat:
Eisbergsalat, Tomaten, Gurken und Paprika

Zubereitung:

Das Schwarzbrot zerkleinern und mit der Mumme, dem Wasser, den Wacholderbeeren, den Senfkörnern, den Lorbeerblättern und der geriebenen Zitronenschale weichkochen. Anschließend durch ein Sieb streichen und aufkochen lassen. Die Fischfilets portionieren, mit dem Zitronensaft säuern, salzen und ca. 20 Min. in dem Mummesud ziehen lassen. Danach die Fischfilets vorsichtig aus dem Sud entnehmen und auf eine vorgewärmte Platte legen. Die Mummesauce mit der eiskalten Butter aufmontieren (mit dem Schneebesen fein pürieren) und mit Salz, Pfeffer und Senf abschmecken. Zum Schluss die Sauce über die Filets gießen und anrichten. Petersilienkartoffeln und frischen Salat als Beilage reichen.

Gebratenes Kabeljau-Steak, in Prosecco-Mummesud gegart, dazu marktfrisches Wurzel-Kartoffel-Gemüse

Von Regina Oestmann

Hauptspeise für 4 Personen

Zutaten:

Für den Fisch:

100 ml Mumme
4 Kabeljau-Steaks (ca. 1 kg)
etwas Mehl, Salz und weißer Pfeffer
100 g Butter
1 Schuss Speiseöl
200 ml Prosecco
1 EL Zucker

Für das Gemüse:

2 Karotten
2 Pastinaken
750 g Drilling-Kartoffeln
1 große Zwiebel
⅛ Staudensellerie
300 ml Gemüsebrühe
1 große Porreestange
1 Bund frischer Dil
Zucker, Salz und weißer Pfeffer
4 Lorbeerblätter
3 EL Butterschmalz
1 Schuss Zitronensaft
Petersilie

Zubereitung:

Backofen auf 200° C (Umluft 180° C) vorheizen. Die Drilling-Kartoffeln als Pellkartoffeln mit Lorbeerblättern garen, kurz abschrecken und dann zur Seite stellen.

Das Gemüse in etwa 1 cm große Würfel schneiden, die Zwiebeln fein würfeln, vom Porree das Grün und das Wurzelende abschneiden, die erste Haut entfernen, in 2 oder 3 Teile schneiden, vierteln und nochmals fein schneiden. Den Topf heiß werden lassen, dann erst das Butterschmalz in den Topf geben, anschließend die Zwiebeln in das heiße Fett geben und warten, bis sie glasig sind. Nun etwas Zucker darauf streuen und warten, bis der Zucker sich aufgelöst hat, danach alles verrühren. Im Anschluß das Wurzelgemüse in den Topf geben, vermengen und ordentlich erhitzen. Dann den Porree hinzufügen und mit heißer Gemüsebrühe auffüllen. Das Gemüse bei geschlossenem Deckel al dente garen. Mit Salz und weißem Pfeffer abschmecken und den gehackten Dill dazugeben. Etwas Zitronensaft und Butter, evtl. noch Zucker zum Abrunden hinzufügen. Nun die Pellkartoffeln mit den Lorbeerblättern zum Gemüse geben und vermengen. Eventuell einen Schuss Weißwein hinzufügen.

Während das Gemüse gart, Kabeljau portionieren, waschen, abtupfen, salzen, pfeffern und leicht bemehlen. In eine große, erhitzte Pfanne erst das Speiseöl, dann die Butter hineingeben. Die bemehlten Fischsteaks nacheinander in das heiße Fett legen. Wenn der Fisch sich von unten zu verfärben beginnt, die Hitze reduzieren und den Fisch vorsichtig wenden. Gleichzeitig den Prosecco und die Mumme mit 1 EL Zucker erwärmen. Die Flüssigkeit in eine viereckige Auflaufform gießen. Den Fisch in den Sud legen, das Bratenfett dazu geben, das Ganze 5 – 8 Min. im Ofen ziehen lassen.

Beim Anrichten das Wurzel-Kartoffel-Gemüse auf die Hälfte des Tellers verteilen. Auf die andere Hälfte das Fischsteak legen und etwas Sud darüber gießen – Lecker! Als Dekoration gehackte Petersilie auf dem Tellerrand verteilen.

Mumme-Zabaione
Von Eva Doberstein

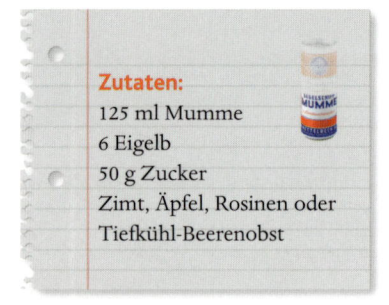

Nachspeise

Zutaten:
125 ml Mumme
6 Eigelb
50 g Zucker
Zimt, Äpfel, Rosinen oder Tiefkühl-Beerenobst

Zubereitung:
Eigelbe mit dem Zucker schaumig rühren, nach und nach die Mumme hinzugeben und im Wasserbad dickschaumig aufschlagen. In tiefen Tellern mit einigen Zimt / Apfel / Rosinen-Spalten oder mit Tiefkühl-Beerenobst saisongerecht anrichten.

Mumme-Topfen
Von Jürgen Henze

Nachspeise

Zubereitung:
Alle Zutaten in eine Schüssel geben und mit einem Schneebesen verrühren. Je nach Geschmack kann mit Honig nachgesüßt werden. Anschließend in Gläser füllen und mit einer Sauerkirsche dekorieren.

Zutaten:
30 ml Mumme
600 g 20%iger Topfen (Allgäuer Quark)
60 g rote Grütze (Sauerkirsch)
30 g Sauerkirschen

Heidelbeer-Mumme-Muffins

Von Frank Krupka

Nachspeise

Zutaten:
- 200 ml Mumme
- 200 g Mehl
- 60 g feine Haferflocken
- 2 TL Backpulver
- ½ TL Natron
- 1 Glas Heidelbeeren (200 g Abtropfgewicht)
- 2 Eier
- 150 g Zucker
- 150 g weiche Butter
- 1 Päckchen Vanillezucker
- 150 g saure Sahne
- Vanillesauce

Zubereitung:

Die Muffinbackform mit den 12 Mulden einfetten und den Backofen auf 180° C (Umluft 160° C) vorheizen. Das Mehl mit Haferflocken, Backpulver und Natron vermischen. Die Heidelbeeren in ein Sieb abtropfen. Dann die Eier leicht verquirlen. Den Zucker, die Butter und den Vanillezucker dazutun und gut vermengen. Dann die saure Sahne und die Mumme dazugeben. Die Mehlmischung unterrühren. Zuletzt die guten Heidelbeeren vorsichtig unter den Teig heben. Den Teig in die Muffinform füllen. Im Backofen bei 180° C (Umluft 160° C) auf mittlerer Schiene 20 – 25 Min. goldgelb backen. Die Muffins anschließend 5 Min. ruhen lassen, dann aus der Form herauslösen und noch warm servieren. Dazu kann man Vanillesauce reichen.

Mumme-Pfefferkuchen

Von Solveig Basilius

Nachspeise

Zubereitung:

Honig mit Margarine erwärmen, Mumme anschließend dazugießen und abkühlen lassen. Die trockenen Zutaten vermischen und eine Vertiefung in die Mitte drücken. Zitronensaft und Eier auf den Rand und die Mumme-Mischung in die Vertiefung geben. Vom Rand ausgehend alles verkneten. Mit Mehl bestäuben, in eine Schüssel legen und mit einem Tuch abdecken. Den Teig einige Tage an einem kühlen Ort ziehen lassen. Dabei zwischendurch gut durchkneten. Danach ca. 1 cm dick ausrollen und ausstechen. Mandeln nach Belieben in den Teig drücken. Bei 200° C (Umluft 180° C) ca. 11 – 13 Min. backen. Die Pfefferkuchen offen für drei Tage an einem kühlen Ort weich werden lassen.

Zutaten:

- 125 ml Mumme
- 450 g Mehl
- 1 Ei
- 100 g Honig
- ½ TL Zimt
- 1 TL Backpulver
- 180 g Zucker
- 1 TL Muskatnuss
- 1 EL Zitronensaft
- ½ Packung Puddingpulver (Schokolade)
- 65 g Margarine
- 1 EL Lebkuchengewürz
- ganze Mandeln zum Dekorieren

Mumme-Brownies

Von Solveig Basilius

Nachspeise

Zubereitung:

Aprikosen fein würfeln und zusammen mit den gehackten Walnüssen, Mehl, Puderzucker und Lebkuchengewürz vermischen. Schokolade und Butter schmelzen, anschließend die Mumme unterrühren. Eier unter die Mumme-Mischung ziehen und die Mehlmischung unterheben. Ein Backblech um die Hälfte verkleinern (zur Hälfte mit Alufolie auslegen und einen Rand hochziehen). Danach einfetten und die Masse draufstreichen. Bei 175° C (Umluft 155° C) ca. 20 – 25 Min. backen, dann auskühlen lassen. Kuvertüre nach Packungsanweisung schmelzen und auf die Brownies streichen. Abschließend in ca. 4 x 4 cm große Würfel schneiden.

Zutaten:

- 250 ml Mumme
- 200 g gehackte Walnüsse
- 50 g getrocknete Aprikosen
- 250 g Mehl
- 125 g Puderzucker
- 150 g Zartbitterschokolade
- 150 g Butter oder Margarine
- 2 Eier
- 200 g Vollmilch-Kuvertüre

Mumme-Käse

Von Inge Henze,
Inges Käse-Theke

Die Idee: Im Frühjahr 2005 kam Inge Henze bei einem Besuch in einer Allgäuer Sennerei, von der sie seit vielen Jahren beliefert wird, auf die Idee, eine Allgäuer Spezialität (Bergkäse) mit einer Braunschweiger Spezialität (Doppelte Segelschiffmumme) zusammenzubringen.

Wieder in Braunschweig zurück begann sie in ihrer Käseküche das Experimentieren. Ein kleiner, halbfester Bergkäse wurde 3 Wochen lang in Braunschweiger Mumme eingelegt. Das Ergebnis war noch nicht befriedigend, da der Geschmack der Mumme im Käse zu wünschen übrig ließ. Also bekam der nächste Käse ca. 30 Bohrungen im Käselaib, damit die Mumme besser einziehen konnte. Dieses Ergebnis überzeugte dann Frau Henze. Da die Mumme sehr klebrig an dem Käse haftete, wurde er mit Schweizer Bergkräutern ummantelt und als I-Tüpfelchen belegte man die Oberfläche mit in Mumme eingelegten Rosinen, da diese geschmacklich hervorragend mit der malzigen Mumme harmonieren. Das war die Geburtsstunde des „Braunschweiger Mumme-Käses". Inzwischen gibt es den Braunschweiger Mumme Käse auch als 500g-Geschenkpackung als herzhaften Gruß aus Braunschweig.

Bei der 5. Olympiade der Käse aus den Bergen im Jahre 2007 hat diese Braunschweiger Käsespezialität unter über 700 Mitbewerbern in ihrer Kategorie den 7. Platz belegt.

Mumme-Kirschkuchen

Von Martina Biesterfeld

Nachspeise

Zubereitung:

Die Zutaten miteinander verrühren und auf ein Blech geben. Anschließend die Kirschen auf dem Teig verteilen. Nun den Kuchen bei 210° C (Umluft 200° C) ca. 20 – 25 Min. backen. Nach dem Abkühlen den Kuchen mit Puderzucker bestreuen.

Zutaten:

250 ml Mumme
400 g Mehl
100 g Zucker
125 ml Öl
1 Päckchen Backpulver
1 Päckchen Vanillezucker
1 Glas Sauerkirschen
3 Eier

Mumme-Gugelhupf

Von Solveig Basilius

Nachspeise

Zubereitung:
Butter mit dem Zucker weißschaumig rühren, dann nach und nach die Eier unterheben. Mumme und gehackte Schokolade hinzugeben, Mehl mit Stärke und Backpulver vermengen und unterheben.

Eine Gugelhupfform gut einfetten und mit Semmelbröseln ausstreuen. Den Teig einfüllen und im vorgeheizten Backofen bei 175° C (Umluft 160° C) ca. 45 Min. backen.

Zutaten:
- 150 ml Mumme
- 75 g Zartbitter-Schokolade
- 200 g weiche Butter
- 200 g Zucker
- 4 Eier
- 250 g Mehl
- 1 EL Speisestärke
- 1 Päckchen Backpulver

Lebkuchenparfait mit Pflaumensoße

Von Solveig Basilius

Nachspeise

Zutaten:
- 125 ml Mumme
- 6 Eigelb
- 120 g Zucker
- 1 Vanilleschote (oder ½ Päckchen Vanille-Back)
- 125 ml Milch
- 2 TL Lebkuchengewürz
- 350 g Schlagsahne
- 60 g Lebkuchen
- 1 Glas Pflaumen
- 3 EL Rotwein
- 2 TL Speisestärke
- 2 – 3 Gewürznelken

Zubereitung:

Die Eigelbe mit dem Zucker cremig rühren. Milch in einen Topf geben, Vanilleschote der Länge nach aufschneiden, Mark auskratzen und zusammen mit dem Lebkuchengewürz in die Milch geben, danach aufkochen. Die heiße Milch langsam unter die Eimasse rühren, Mumme dazugeben. Creme unter Rühren erhitzen (nicht kochen!), bis sie dicklich ist. In einer Schüssel kalt schlagen. Schlagsahne schlagen, Lebkuchen zerbröseln und zusammen mit der Sahne unter die Creme heben. In Förmchen gefrieren lassen. Ca. 30 Min. vor dem Verzehr in den Kühlschrank zum Antauen geben.

Für die Sauce die Pflaumen abtropfen lassen und den Saft dabei auffangen. Den Saft zusammen mit den Nelken erhitzen. Wein mit Stärke glattrühren, zufügen und aufkochen lassen. Nelken herausnehmen und Pflaumen unterrühren.

Mumme-Torte

Von B. Margraf-Lontchi

Nachspeise

Zutaten:

Teig:
14 Eigelb
14 Eiweiß
350 g Puderzucker
300 g gemahlene Haselnüsse oder Mandeln
1 Päckchen Vanillezucker (besser echte Vanille als Vanillin!)
Butter für die Form

Füllung:
5 EL Mumme
200 g Butter
200 g Puderzucker
130 g gemahlene Haselnüsse oder Mandeln

Guss:
4 EL Mumme
300 g Puderzucker
2 EL Wasser
20 Cocktailkirschen

Zubereitung:

Eiweiß zu festem Eischnee schlagen. Eigelb mit Vanille- und Puderzucker schaumig rühren. Die gemahlenen Nüsse und den Eischnee unterheben. Zwei Formen buttern und den Teig zu gleichen Teilen einfüllen. Nacheinander bei 190° C (Umluft 170° C) im vorgeheizten Backofen 30 Min. backen. Böden auskühlen lassen, aus den Formen lösen und jeden Boden einmal waagerecht halbieren. Für die Füllung Butter und Puderzucker schaumig rühren, Nüsse und Mumme unterheben und die Böden (ausgenommen den oberen) mit der Füllung bestreichen und zusammensetzen.

Für den Guss die Mumme und das Wasser mischen und stark erhitzen, den Puderzucker einrühren. Den Kuchen damit glasieren und mit den Cocktailkirschen verzieren.

Braunschweiger Mummekranz

Von B. Margraf-Lontchi

Nachspeise

Zubereitung:

Backofen etwas vorheizen (backen auf 180°C, Umluft 160° C). Eier, Zucker und Vanillezucker schaumig rühren. Mehl, Mondamin und Kakao mit Backpulver mischen und unter die Masse rühren. Topfkuchenform einfetten, dann backen. 500 ml Mumme und 500 ml Milch zu einem Pudding kochen und diesen über Nacht mit der Margarine in den Kühlschrank stellen. Aus dem Pudding und der Butter eine Mummecreme bereiten. Einen großen Löffel Butter cremig rühren, dann einen Löffel Pudding dazu geben und solange vermengen, bis Pudding und Butter verbraucht sind. Boden zwei Mal waagerecht teilen und mit dem Mummelikör beträufeln. Eine Schicht Kirschmarmelade verteilen und anschließend eine Schicht Creme darauf geben. Boden darauflegen und das ganze wiederholen. 3 Löffel Creme im Spritzbeutel zurückbehalten, um anschließend 16 Creme-Tupfer auf den Kranz zu geben. Rest der Mummecreme auf den Kranz verteilen. Anschließend mit dem Krokant und den Mumme-Bolchen verzieren.

Zutaten:

Teig:

6 Eier
250 g Zucker
1 Päckchen Vanillezucker
120 g Mehl
125 g Mondamin
2 EL Kakao
1 Päckchen Backpulver

Füllung:

500 ml Mumme
500 ml Milch
2 Pakete Vanillepudding
1 Glas Kirschmarmelade
Mumme-Likör (nach Bedarf)
500 g Butter oder Margarine

Dekoration:

1 Beutel Krokant
16 Mumme-Bolchen

Mumme-Tiramisu

Von Solveig Basilius

Nachspeise

Zubereitung:

Eigelbe mit Honig schaumig aufschlagen. Mascarpone unterheben. Eiweiß steif schlagen und unter die Mascarponecreme heben. 125 ml Mumme mit dem Kaffee verrühren und Löffelbisquits damit tränken. Löffelbisquits und Creme abwechselnd in eine eckige Form schichten. Vor dem Servieren mit Kakao bestäuben.

Zutaten:

250 ml Mumme
500 g Mascarpone
5 Eier
400 g Löffelbisquits
4 EL Honig
6 – 8 EL starker Kaffee/Espresso
Kakao

Beschwipste Mumme-Creme

Von B. Margraf-Lontchi

Nachspeise

Zutaten:
- 125 – 200 ml Mumme
- 4 Eier
- 100 g Zucker
- 1 Päckchen Vanillezucker
- 1 Flasche Mummelikör (250ml)
- 400 g Sahne
- 12 Blatt Gelatine

Zubereitung:
Die Eier trennen, das Eigelb mit Zucker und Vanillezucker schaumig schlagen. Mumme-Likör und Mumme unterheben. Die Sahne und das Eiweiß steif schlagen. Die Gelatine einweichen, ausgedrückt mit etwas Mumme erwärmen und unter die Mummemasse rühren. Erst die geschlagene Sahne unterheben, anschließend das geschlagene Eiweiß. Eine Nacht in den Kühlschrank stellen und mit Kirschgrütze und Sahne servieren.

Der Mummenizer

Von Michael Blair Baricaua

Zutaten:
- 3 ½ cl Mumme
- 3 cl Kreuzritter Elixirum Digestivum
- 2 cl Zuckersirup 2:1
- 2 cl frisch gepresster Limettensaft

Entwickelt wurde der Cocktail von Michael Blair Baricaua, FIFTY Cocktailbar & Brasserie Braunschweig

Zubereitung:
Die Bargeräte: Cocktail Shaker, Messbecher, Barsieb

Alle Zutaten mit Volleiswürfeln in einen Shaker geben und ca. 20 Sek. stark schütteln. Den Inhalt des Shakers durch das Barsieb in die vorgekühlte Cocktailschale abseihen. Für den optimalen Genuss verwenden wir bei uns im FIFTY doppelt gefrorene Volleiswürfel, damit das Getränk beim Shaken nicht verwässert, sowie vorgekühlte Gläser, damit der Drink länger kühl bleibt.

Der Altstadt-Cocktail
Von Tom Kothe

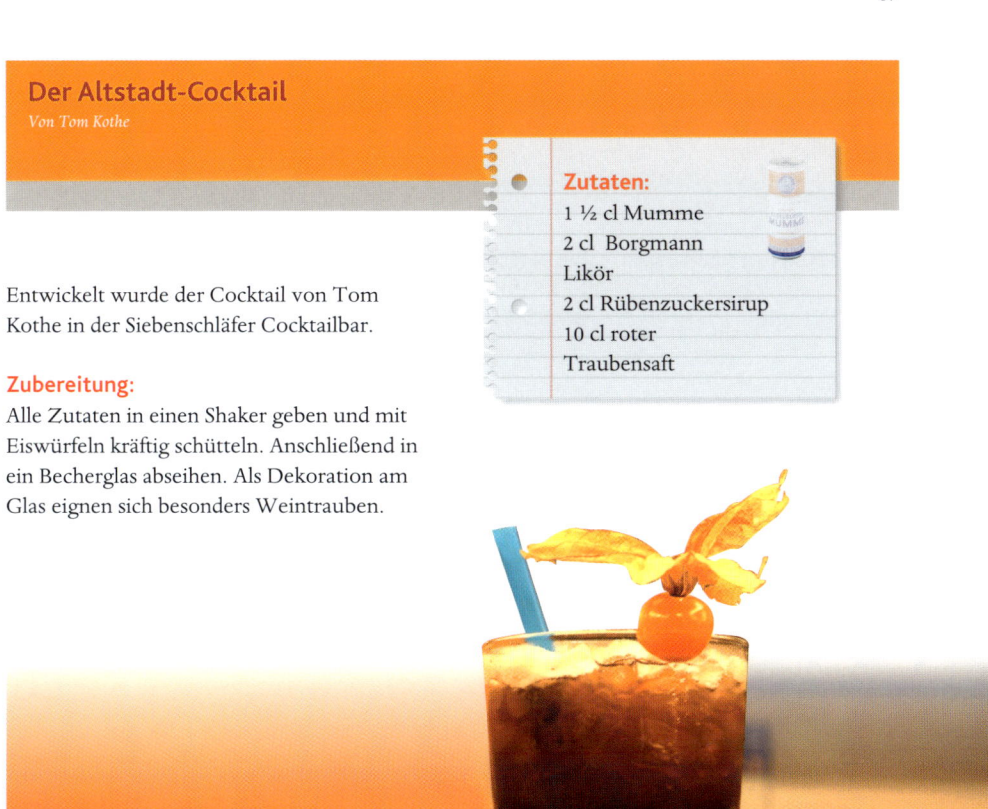

Entwickelt wurde der Cocktail von Tom Kothe in der Siebenschläfer Cocktailbar.

Zubereitung:
Alle Zutaten in einen Shaker geben und mit Eiswürfeln kräftig schütteln. Anschließend in ein Becherglas abseihen. Als Dekoration am Glas eignen sich besonders Weintrauben.

Zutaten:
- 1 ½ cl Mumme
- 2 cl Borgmann Likör
- 2 cl Rübenzuckersirup
- 10 cl roter Traubensaft

Mumme-Kirsch-Marmelade

Von Heike Prieß

Für ca. 6 – 8 Gläser

Zutaten:
100 ml Mumme
900 g dunkle Kirschen (frische und entsteinte oder tiefgefrorene)
1 kg Gelierzucker 1:1
2 – 4 cl Whisky oder Grappa
6 – 8 Twist-off-Gläser

Zubereitung:
Die vorbereiteten Kirschen in einen hohen Topf geben und mit dem Pürierstab nach Geschmack zerkleinern. Den Gelierzucker hinzufügen und die Masse langsam und unter Rühren zum Kochen bringen.

Ca. 4 Min. sprudelnd kochen lassen, dabei ständig umrühren. Nach 3 Min. die Mumme dazugießen und anschließend den Alkohol eingießen, umrühren und die Marmelade in die Gläser füllen. Sofort verschließen und in Ruhe abkühlen lassen.

Herausgeber:

Braunschweig Stadtmarketing GmbH
Gerold Leppa
Schild 4
38100 Braunschweig
Tel. +49 (0) 531 4 70 21 04
www.braunschweig.de

H. Nettelbeck KG
Christian Basilius
Leipziger Str. 184
38124 Braunschweig
Tel. +49 (0) 531 6 14 92 07
E-Mail: office@bs-mumme.de
www.bs-mumme.de

Autor „Geschichte und Geschichten der Braunschweiger Mumme"

Prof. Dr. h.c. Gerd Biegel,
Institut für Braunschweigische
Regionalgeschichte an der TU Braunschweig

Gestaltung:

Steffen und Bach GmbH
www.steffenundbach.de

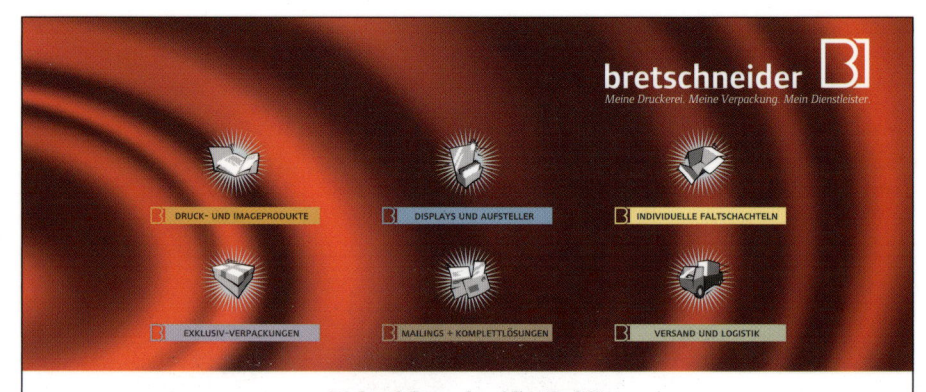

Richard Bretschneider GmbH
Pippelweg 43 · 38120 Braunschweig · T +49 (0) 531 80 10-500 · F +49 (0) 531 80 10-578
E info@bretschneider.de · www.bretschneider.de

Bildnachweise:

- Steffen und Bach GmbH: S. 2/3, S. 16, S. 29 r., S. 30, S. 44 r.
- H. Nettelbeck KG: S. 5, S. 6/7, S. 8, S. 12, S. 19, S. 20, S. 21, S. 25, S. 29 l., S. 29 u., S. 35, S. 38, S. 42, S. 44 l.
- Stadtarchiv der Stadt Braunschweig: S. 10
- Olga Shelego - Fotolia.com (Tomaten): S. 46, S. 49
- 20-21 - Fotolia.com (Karotten): S. 46
- TimurD - Fotolia.com (Messer, Gabel): S. 46
- Matthias Haas - Fotolia.com: S. 48
- WOGI - Fotolia.com (Notizzettel): S. 48, S. 49, S. 50, S. 51, S. 53, S. 54, S. 55, S. 56, S. 58, S. 59, S. 60, S. 61, S. 62, S. 64, S. 65, S. 66, S. 67, S. 68, S. 69, S. 71, S. 72, S. 74, S. 75, S. 76, S. 77, S. 79, S. 80, S. 81, S. 82, S. 83, S. 84, S. 85, S. 86, S. 87, S. 88

- Torsten Schon - Fotolia.com (Salat): S. 49
- Solveig Basilius: S. 50, S. 51, S. 56, S. 58, S. 62, S. 80, S. 81
- Braunschweig Stadtmarketing / Sascha Gramann: S. 52
- Twilight_Art_Pictures - Fotolia.com: S. 53
- kameramann - Fotolia.com: S. 54
- Teamarbeit - Fotolia.com (Rotkohl): S. 55
- Tomboy2290 - Fotolia.com (Zwiebeln): S. 55
- Karsten Tutschek: S. 57
- Carola Schubbel - Fotolia.com: S. 59
- emmi - Fotolia.com: S. 60
- eyewave - Fotolia.com: S. 61
- Jens Neubauer: S. 63
- Greg - Fotolia.com: S. 64
- Thaut Images - Fotolia.com: S. 65

- Food - Fotolia.com: S. 66/67
- ExQuisine - Fotolia.com: S. 68
- Annette Engelhardt: S. 70
- kookfood.com - Fotolia.com: S. 71
- Regina Oestmann: S. 73 o.
- ampFotoStudio.com - Fotolia.com: S. 73 u.
- Anyka - Fotolia.com: S. 74 u.
- Jürgen Henze: S. 74 r.
- Birgit Reitz-Hofmann - Fotolia.com: S. 75
- babsi_w - istockphoto.com: S. 76
- EPerceptions - istockphoto.com: S. 77
- Inge Henze: S. 78
- Bernd Kröger - Fotolia.com: S. 79
- B. Margraf-Lontchi: S. 82, S. 83, S. 85
- letty17 - istockphoto.com: S. 84
- Fotos: Andreas Rudolph / www.rudolph-bs.de: S. 86
- Tom Kothe: S. 87
- molka - istockphoto.com: S. 88